电商门第

传统企业进入电商的必修课

第2版

如来（陈涛）◎著

電子工業出版社
Publishing House of Electronics Industry
北京•BEIJING

内 容 简 介

本书是作者十几年企业管理、十几年电商运营的干货分享，作者以一个老电商人的角度剖析了电商的过去、现在和未来，分析了电商在宏观战略和市场生态方面的演变和现状，同时融入了作者在实际营销管理运营方面十几年的感悟。

本书旨在让更多的人了解电商，让传统企业知道如何通过电商赚钱，并且在经营时少花冤枉钱。本书能让你掌握电商的精髓，它是一把开启互联网赚钱大门的金钥匙。

图书在版编目（CIP）数据

电商内幕：传统企业进入电商的必修课 / 陈涛著 . —2 版 . —北京：电子工业出版社，2015.11
ISBN 978-7-121-27479-4

Ⅰ . ①电… Ⅱ . ①陈… Ⅲ . ①电子商务一研究 Ⅳ . ① F713.36

中国版本图书馆 CIP 数据核字 (2015) 第 258084 号

策划编辑：张彦红
责任编辑：王　静
印　　刷：北京天宇星印刷厂
装　　订：北京天宇星印刷厂
出版发行：电子工业出版社
　　　　　北京市海淀区万寿路 173 信箱　邮编：100036
开　　本：720×1000　1/16　印张：18　字数：288 千字　彩插：1
版　　次：2015 年 11 月第 1 版
印　　次：2015 年 11 月第 1 次印刷
定　　价：59.00 元

凡所购买电子工业出版社图书有缺损问题，请向购买书店调换。若书店售缺，请与本社发行部联系，联系及邮购电话：（010）88254888。

质量投诉请发邮件至 zlts@phei.com.cn，盗版侵权举报请发邮件至 dbqq@phei.com.cn。

服务热线：（010）88258888。

推 荐 序

十年之间，电子商务领域发生了翻天覆地的变化。十年之前，电商还只是一个概念，十年之后，电商已变成了一个职业。如今，这个职业正引领着时代的潮流，把人们的购物习惯彻底扭转。

作为电子商务领域的研究者，近两年，我在和一些传统企业的负责人交流时，听到他们谈得最多的就是电子商务了。对于电子商务，他们大都心情复杂，既有期盼和好奇，也有恐惧和焦虑。在这种心情的牵引之下，他们开始着手成立电子商务部门，甚至成立独立的电子商务公司，筹集资金，引进人才，满怀信心地迈进了电子商务的大门。

但是，电子商务并没有想象中的那么简单，他们无一例外地遇到了很多麻烦。传统企业做电子商务最头疼的是什么？线上、线下的冲突？渠道、产品价格体系的冲突？总之，很多传统企业进入电子商务领域后，由于经营不善导致亏损严重，有些企业对电子商务业务放任运营，导致传统渠道矛盾激化、价格混乱甚至最终一败涂地。这也是目前很多传统企业做电子商务困惑的原因。

电商战场，硝烟四起，谁能成为其中的强者？谁又能百战百胜？其实，电子商务并非高深莫测，《电商内幕——传统企业进入电商的必修课》一书以作者自己十几年的实践经验和研究探索为基础，为传统企业拨开云雾，带来了光明，让传统企业自己掌握自己的电商发展之路！

下面看一看这本书给传统企业带来了哪些有益的指导。

第一，深度剖析电商行业的发展脉络，梳理电商各种渠道模式的利弊，给企业经营战略的规划以有益的启示！

第二，清晰地描绘了电商行业的现状和趋势，为传统企业转做电商指引方向！

第三，融入战略和实际操作经验，具有通俗性和实用性的特点，是不可多得的实战型电商教材，具备超强的实操指导作用！

本书堪称传统企业的电商实战顾问，在本书的字里行间中不难看出作者的实力和专业水准。对传统企业来说，电子商务是一个新的领域，看了这本书，就会懂得如何用最简单、最有效的方法去运作电子商务。

我相信本书的编撰和出版，对于传统企业的负责人及电子商务从业人员深入理解电子商务，都具有十分难得的借鉴意义，因此特地推荐此书给做电商的朋友们。期待并相信如来这本教材能够成为电商企业的实用教科书。

李善友

中欧商学院创业领袖成长营教授，酷六创始人

业内人士力荐

李国庆　当当网创始人

《电商内幕——传统企业进入电商的必修课》里面没有专家，更没有历史学家。它站在一个“草根”的角度给我们呈现了在电子商务创业大潮中的芸芸众生的喜怒哀乐，也许它可以让你看到一个更真实的电子商务。

李学凌　YY 语音创始人

本书观点独到、心思缜密，值得推荐。

徐易容　美丽说创始人

随着电商行业在中国的迅猛发展，传统企业也加快了进军电商的步伐。本书全方位剖析了电商风云，告诉你一些不为人知的电商内幕，让你了解电商的操作规则，在转型过程中少走弯路。

纪文泓　走秀网首席执行官、CEO

如来兄弟分享的新书颇有洞见，值得一读！

金光　淘宝网淘品牌创始人、阿里巴巴集团高级营销专家

电商老革命，实战新篇章！

范春莹　淘宝天猫事业部副总裁

读完本书，你就会相信，在传统企业转型做电商的过程中遇到的大多数问题都能解决，这是一本真正实用的好书。

葛永昌　返利网创始人、CEO

本书犀利、睿智、幽默，值得一读。

马玉峰　买买茶 CEO

对垂直电商的分析很独到，对雷军的电商分析也很有趣，这本书我会让我的员工和朋友都认真阅读的。

牛文文　黑马营创始人 、《创业家》杂志社创始人

陈涛是成功的电商，也是成功的电商服务者。这本书是他多年服务电商业者新的体会，也是我所知道的最具操作性的电商实务手册。《电商内幕——传统企业进入电商的必修课》是黑马营指定的电商课程读本，也推荐给你们看。

忻榕　中欧国际工商学院管理学教授

传统企业涉足电子商务已经是毋庸置疑的发展方向，但是如何从战略层面做好电子商务的定位与运营管理，却是摆在面前的实际问题。《电商内幕——传统企业进入电商的必修课》一书将给传统企业实现电子商务转型带来有益的启示！

陈起辉　清华大学博商网络营销学院院长

揭秘电子商务成功之道：做电子商务要怎样建团队？怎样做运营？怎样管理后台？怎样才能赢利？本书一一给出了答案。

周人杰　中央电视台总编室节目播出部副主任

一部电子商务时代的代表作品，你值得一读！

黄欢 知名电视评论员

谁也无法再忽略电子商务这块“奶酪”！网络已渗入每个人的生活，电子商务发展成为当今商业不可小觑的重要渠道！本书的作者以帮助电商进入这个新生态为生！他熟悉所有你知道或者还不知道的电商运营管理流程。无论你是从事电子商务运营的企业或个人，准备进军电子商务领域的创业者，想重新学习电子商务的传统商人，还是想投资和服务电子商务的非专业人士，都可以在这本书中找到你所需要的，以及进入电商时代的钥匙！预祝阅读愉快！

杜子建 华艺传媒集团创始人

在电子商务领域里，只有潜心学习与归纳，才有可能成功。本书中关于传统企业转型电商的生态描述、战略规划、经营运作、营销推广等内容非常值得大家参考借鉴。

陈科屹 险峰华兴创业投资创始合伙人

本书并不是一本猎奇的书。它写满了电商从业人员的智慧。即便不是电商的从业人员，读起来也是很有趣味的。至少它让人们知道了，在消费者享受电子商务带来的便利背后，有多少从业人员辛劳的付出。

计越 红杉投资中国基金董事

开展电子商务是传统企业的未来发展之路，其中必需的思路与方法，必备的实战与技巧，在《电商内幕——传统企业进入电商的必修课》这本书中你都可以看到，它不仅告诉你电子商务大潮发展的背景和趋势，也教你如何成为电子商务战场上的胜利者！

胡磊 纪源资本副总裁

和很多投资人一样，我惊讶地看到电子商务的浪潮席卷零售消费的各个领域。在其背后，不为人知的是众多电商越来越多地使用软件来采集和分析零售的各个环节，通过数据来快速调整和驱动运营。如果你也同样好奇这些数据采集和决策能力背后的故事，希望本书可以帮你揭开冰山一角。

林亚　北京电子商务协会秘书长

电子商务在中国快速发展，应该有电商从业者负责任地记录这个发展脉络。这里有最具实际借鉴意义的案例和最具形象的电商语言。

卢建新　中国电子商务协会副秘书长

一位电商“老鸟”的呕心披露。《电商内幕——传统企业进入电商的必修课》是一本好书。

廖江涛　网商动力董事长（专业的电商培训机构）

这本书非常务实地描述了中国电子商务发展的过程，里面提出了很多非常具有可操作性的建议和方法，可以作为传统企业转电商的入门操作手册。

周广东　杭州库虎创始人（专业的电商外包仓储解决方案提供商）

这本书的观点很犀利，视野很有高度，很值得我们这些服务商们读一下，推荐小伙伴们精读。

聂腾云　韵达快运有限公司董事长（电商快递服务商）

20 世纪 90 年代以来，以 Internet 为核心的信息技术迅猛发展，电子商务是各界人士津津乐道的热门话题，其发展速度和对人类社会产生的影响再怎么形容也不为过！本书为你揭秘电子商务的关键内核。

林峰　酷宝数据董事长（专业的电商营销分析数据服务商）

电子商务的发展日新月异，并不是一帆风顺的，在这个过程中会遇到许许多多的新困难和新问题，陈涛老师教你如何从困境中解脱出来，不断向前发展，展现你无限的潜力。

徐扬　微博易创始人（专业的自媒体服务商）

我个人只相信实际操作经验，作者以自己十年的电商操作经验，总结出这本书的精髓。通过这本书，我们可以避免很多在电商运营中易犯的错误，找到最真的方法，指导我们在传统商业转换电商的过程中小成本地前行。

宋炎　炎摄影创始人（专业的电商拍照摄影服务商与模特经纪人）

本书所讲的电子商务生态环境好像点亮了我，给了我很多启迪，推荐电商从业人员必读。

刘兰玉　兰玉工作室创始人（明星御用设计师）

什么是电商？一个普通的传统企业如何进入电商领域？一个小小淘宝店一年收益几亿元有什么秘诀吗？认真读完这本书，我全明白了。

徐大地　上海网策管理咨询公司创始人

电子商务之于今天的中国，是一场翻天覆地的产业革命。原来垄断各行业的传统企业们，在这场革命面前成了岌岌可危的“恐龙”。如何完成这场战略大转移，陈涛用他近十年的电商实践经验，给出了靠谱的答案！

王勇军　上海皇冠俱乐部创始人

这本书是少有的全面写电商的书，并且描述生动很接地气，能够深入浅出地从实践切入，我相信一定让读者受益匪浅。

赵浦　十月妈咪创始人

时至今日，传统企业必须要面对电子商务的风暴。是御风而行，还是逆水行舟，就取决于掌舵人对电子商务的理解。本书向读者展示了一个真实的电子商务，同时也给即将进入的企业指出了方向。

戴跃锋　御泥坊创始人（矿物美颜第一淘品牌）

本书既有对电商经营管理的智慧分享，也有关于网络营销的独到见解，对于将要触“电”的线下企业来说，是一本不可多得的必读之书！

陈庆峰　柚子美衣 CEO（淘宝网单店收藏量最大店铺）

面对汹涌澎湃的电子商务浪潮，既要抓住其中的机遇，也要避免其中的风险。本书就像一盏明灯，给所有初涉电子商务的传统企业起到了很好的指引作用。

李纯荣　居家家 CEO（全网家居类目冠军）

电商闭着眼睛捞钱的时代已经过去了，现在的电商企业面对着更复杂的环境和更激烈的竞争。这是一种全面的竞争，从人才管理、供应链管理到精细化管理。电商在回归商业的本质。本书可以成为这种转型的指导手册，实战、实用。

前　言

在现代生活中，人们对电子商务已经不再陌生。越来越多的人正在养成一种新的消费习惯：购物不再去商店，而是打开互联网，在电脑前或手机上选购商品并在网上付款，然后足不出户商品就被送到家了。如果说逛商场还需要交通成本和时间成本，可选择的商品种类也相对有限，那么在网上购物则显得更加随意和方便，于是，这种新型的购物方式越来越受欢迎。正是这些原因，催生了电子商务的蓬勃发展。

在电子商务大潮的冲击下，传统零售企业的生存环境变得更加困难，不但面临着上游原材料价格飞涨的困扰，还受到下游渠道商、零售商、品牌商的多重挤压。在这种情况下，许多传统企业纷纷倒闭，而那些相对顽强的企业则纷纷向电子商务转型。

但是，对于传统企业来说，电子商务完全是一种新的商业模式，跟传统企业的商业模式完全不同，比如战略定位、产品策略、运营模式、营销模式等，这些对于传统企业来说是完全陌生的。那么，传统企业做电商，到底应该怎么开始，应该如何进入这个新领域呢？

传统企业想要做电商，必须首先要了解电商这些年是怎么发展过来的，才能避免走弯路、错路，同时还要知道今天的电商环境是什么样的。例如随便提一家电商公司，它在行业里面的定位是什么？它的商业模式是什么？它的物流配送系统是怎样的？这些都是传统企业需要了解的行业结构。

在中国，第一批B2C企业大概从1998年开始，而传统企业做电子商务，大概从2007年才开始，也就是说，纯电商企业比传统企业提前发展了十年。在中国，传统企业发展电子商务，还没有出现过像纯电商企业中当当、京东这样的大企业。而在美国，在大的电商企业中，传统企业电商占到80%。对品牌厂商而言，如果不重视电子商务，品牌影响力很快就会下滑。

今后，电子商务是未来不可逆转的发展趋势。而传统企业自身有钱、有货、有团队，正好能借机加快电子商务的发展布局。

但是，传统企业做电商，也不可避免地面临着很多困难。如何平衡线上、线下渠道？如何管理品牌？如何建立和管理员工和团队？如何进行团队培训？如何用网络渠道为传统企业注入新活力？如何用贴心的服务激发客户口碑相传？如何用低成本迅速打开经营局面？这些都是传统企业进军电子商务时需要思考和解决的问题。

我在E店宝（电子商务专业解决方案提供商）工作十年，有幸与多家电商企业进行了深入和全面的合作，也看到了许多传统电商企业在电商之路上的种种困扰。他们面临着人才匮乏、观念碰撞，以及企业组织和管理架构上的变革。他们急需一套完整的教科书，让他们对整个电商行业做一个系统的了解和深入的学习，以帮助他们更好、更快地进入电子商务领域。

本书是我多年在电商领域实战经验的总结，以通俗易懂的语言，较为全面地讲述了传统企业在转型电商的过程中需要面对的战略规划、网络渠道选择、团队建设、仓库管理，以及物流配送等实际问题，用实际案例分析来指导传统企业如何解决这些问题，并且汇集了众多电商的实战经验，旨在给传统企业指引方向，让传统企业在转型电商的过程中少走弯路。

作　者

目　录

第1章　聊聊电商那些事儿　1

电子商务是一个大渠道，很多企业都想在上面发展很多的分销商，发展很多的渠道来经营。其实电子商务发展多少个平台或者多少个渠道并不重要，对渠道的管理运营能力才是最重要的。

1.1　网购让人变“懒”了　2

1.2　平台：听话的孩子有糖吃　6

1.3　集市成了专卖店　13

1.4　电商营销，幸福已成往事　16

1.5　女选淘宝，男选京东，白领选当当　20

1.6　地图上的电商　25

1.7　生鲜电商的困惑　28

1.8　电商趋势：路在何方　34

第2章 活色生香的电商生态 41

做电商的公司很多，但是每个公司背景都不一样。放眼互联网上，形形色色的网店多不胜数，品类繁杂，那么他们的网店到底是什么类型的呢？他们的网店属于什么品牌？

2.1 御泥坊的前世今生 42

2.2 京东之路：由3C到综合 46

2.3 美丽说逆袭变主角 55

2.4 第三方：专为他人做嫁衣 60

2.5 移动端给服务业带来新机会 67

第3章 传统企业"触电"之后 71

电子商务不是万能药，一个企业是否去做电子商务跟电子商务没有关系，而跟你会不会做生意有关系。

3.1 早做有肉吃，不做被逼死 72

3.2 以前的套路失灵了 77

3.3 放下包袱，接受挑战 83

3.4 新市场，新业务，新渠道 88

3.5 成也大促，败也大促 92

3.6 接受柠檬绿茶的教训 99

3.7 传统企业"触电"的各种死法 107

3.8 那些年，我们一起追过的大C们 112

第 4 章 一步一步学运营 119

传统企业的电子商务业务的经营模式主要有三种：自建团队完全自营、整体项目托盘外包、部分自营部分外包。这三种方案中最理想的就是自建团队完全自营。

4.1 团队是这样"练"成的 120

4.2 像关怀亲人一样关怀客户 125

4.3 营销是一种管理方式 131

4.4 数据把控，百战百胜 136

4.5 用信息化武装自己 143

4.6 不要烧钱去营销 150

第 5 章 仓储物流，电商背后的力量 157

优秀的企业管理其实是一个能够自动运转的系统，类似于机器一般的一环扣一环自行运转的体系。这个主流程是每天都要发生的流程。

5.1 流程是固定的，也是变化的 158

5.2 别把仓库当成杂货铺 167

5.3 库存管理是一个技术活 181

5.4 物流配送，更快，更好，更强 196

第 6 章 走进移动大时代 201

随着中国智能手机的普及，手机已经成为人们生活中非常重要的一部分，手机已经不只是过去传统意义上的"电话"，而是变成了人们的娱乐、购物、交易、办公的工具。移动端流量正在快速增长，并且在未来的几年里，还有很大的发展空间，以后我们出门可能可以不带钱包，但是却不能不带手机。

6.1 放弃大电视，迷上小手机 202

6.2 “双十一”和“6 · 18”的秘密 211

6.3 拨开 O2O 的迷雾 215

6.4 别玩独立 APP 221

6.5 移动电商的 3 个工具 225

6.6 柚子美衣用微淘引流 232

第 7 章 粉丝与微营销 239

在移动互联网时代，做微信营销，当然离不开粉丝。粉丝意味着力量，哪怕你只是一个草根，但是只要你拥有了海量的粉丝，你也可以拥有强大的影响力。

7.1 让粉丝成为铁杆粉丝 240

7.2 社群，给粉丝一个家 246

7.3 用好内容留住粉丝 251

7.4 亲近“骨灰粉”，远离“僵尸粉” 256

7.5 众包众筹玩转社群 262

写在后面的话 270

第 1 章

聊聊电商那些事儿

电子商务的定义很简单，用电子或互联网的技术手段来开展交易的过程，即电子商务。

——如来陈涛

1.1 网购让人变“懒”了

在人类历史上，如果有新的事物出现，都会对旧的事物产生影响。20 世纪信息技术的发展是人类伟大的创新，自此人类的商业交易方式发生了巨大的变革，电子商务开始挑战传统商务模式。

马云曾经说过，电子商务将要颠覆线下交易模式，将要改变这个世界。事实上，电子商务真的在改变这个世界。我们可以看到，无论是人们的消费方式、企业的经营运作，还是金融的发展、政府的监管，电子商务都已经改变了这个社会。实际上，不光是电子商务改变了社会，互联网和移动互联网也让人们的消费习惯发生了变化。比如在我们的日常生活中，以前是到商店去购物，后来是在电脑上购物，现在是在手机上购物。尤其是智能手机出现之后，人们的生活变化更大了。像以前需要买母婴用品的妈妈们，自从有了电子商务，她们不愿意出门，而智能手机出现后，竟然有高达 90% 的孕妇不再用电脑购物，而是开始用手机购物，这种切换速度让人震惊。

中国互联网经过近几年的迅猛发展，时至今日，已经成为最有影响力的大众媒体。在商业领域，电子商务的发展更是迅速，并且已经融入人们的生活，代表着商业未来变革的方向。而网络购物已经成为增长速度最快的网络应用服务。当下，没有任何一家零售企业可以超然于互联网而存在，传统零售企业与互联网已经不可避免地联合在了一起。

电子商务不仅带给人们商业机会、利润空间，更改变了人们的生活及工作方式。没有了时间、空间和人为条件上的限制，人们的生活和工作将变得更加方便和灵活自如，信息渠道变得更宽，信息传输速度也变得更快了。

比尔·盖茨曾说过，21世纪要么做电子商务，要么无商可务。人们常常这样定义电子商务："在全球各地广泛的商业贸易活动中，在互联网开放的网络环境下，基于浏览器、服务器应用方式，买卖双方不谋面地进行各种商贸活动，实现消费者的网上购物、商户之间的网上交易和在线电子支付以及各种商务活动、交易活动、金融活动和相关的综合服务活动的一种新型的商业运营模式。"

其实，电子商务的定义很简单，用电子或互联网的技术手段来开展交易的过程，即电子商务。电子商务能快速缩短自己的供应链条，使产品在尽可能短的时间内，送到目标客户的手中。

在现代社会，互联网中的电子商务手段越来越丰富，包括在手机上进行的交易活动，也是电子商务活动。即使不登录淘宝、京东等大型的电子商务网站，只是在全国搭建了自己的内网平台，这也是电子商务。

中国的电子商务发展至今，目前无论从环境上来看，还是从条件上来说，都比十几年前成熟了许多。同时，其也从最初的阿里巴巴集团等几家网站的竞争，发展到了目前"百花齐放"的状态。

如今，电子商务已经成为人们日常生活的重要组成部分，伴随着国内物流、支付、信用系统的逐步完善，信息基础设施的发展，以及用户网上需求的不断增加，中国电子商务市场已经进入到务实发展阶段，电子商务将成为中国互联网发展的趋势和赢利点。

作为一种新型交易模式，电子商务不同于传统的交易模式，它将生产企业、物流企业以及消费者和政府引入了一个数字化的虚拟空间，让人们的交易活动不再受地域、时间的限制，而是以一种很简单快速的方式来完成，同时也优化了资源的配置，提高了效率。因此，电子商务的发展，对社会、经济和生活产生了极大的影响。

作为一种商务活动过程，电子商务给社会带来了一场颠覆性的革命，其对社会经济的影响远远超过了商务的本身。除上述这些影响外，电子商务还将对人们的就业、法律、生活，以及文化教育等方面带来巨大的影响。总之，电子商务已经将人类真正带入了信息社会。

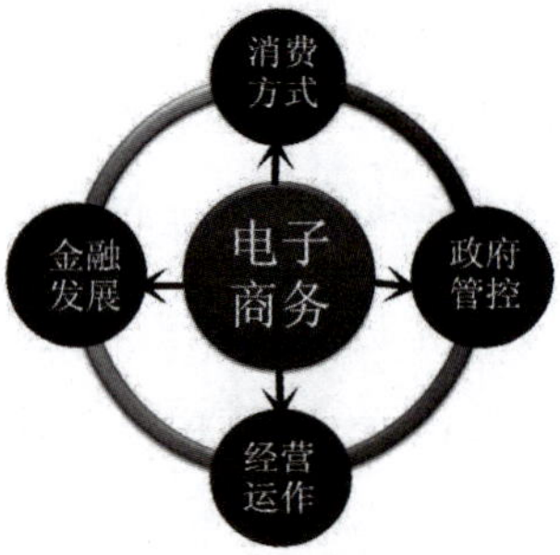

图 1-1

电商课堂：电子商务对社会经济具体产生了什么影响？

- 消费方式

消费者的购物方式由线下转为线上，突破了地域和时间的限制，丰富了人们的购物选择，使人们获得了更好的购物体验。在互联网上，人们不需要出门，就可以在网上商场浏览和购买商品，而且还能得到在线服务。过去，由于存在信息不对称，消费者不明白商品生产经营的实际情况，只能被动地接受广告中传递的信息。而网上购物是不同的，消费者可以随时点击企业的网站，查看企业信息，做到对商品全面了解。

- 经营运作

电子商务通过人与电子信息的结合，提高了商务活动的效率，减少了不必要的中间环节，拉近了企业和消费者的距离。消费者的个性化、特殊化需求，也通过网络展示在生产厂商面前，从而使生产企业能够真正实现根据用户的不同要求按需生产。

- 金融发展

在线电子支付是电子商务的关键环节，也是电子商务得以顺利发展的基础。随着网上银行、电子支付等系统的出现，金融业也获得新的发展。一方面，网上金融的出现，改变了传统的客户和金融机构的交易方式，距离不会再制约金融机构的业务发展；另一方面，金融服务的电子化和信息化，大大提高了资金的流动速度和信息的透明度。

- 政府管控

电子商务的发展，同时也对政府管理经济的手段和能力提出了新的要求，要求政府适应电子商务的发展，在有关电子商务的进入、认证、安全管理、消费者权利保护、争议处理等相关政策法规方面，要能够根据电子商务的变化适时进行新的调整。在政府监管方面，国家正在不断出台相关的政策法规，法律制度也不断完善，电子商务正在向法制化、正规化的方向发展。

1.2 平台：听话的孩子有糖吃

图 1-2

目前，中国的电子商务已经发展到白热化阶段，在这一阶段，更需要理性看待，客观分析电子商务的特点，才能在这一大潮中立于不败之地。现阶段，我国的电子商务呈现出以下八大特点。作为电商，了解了这些特点之后，就知道自己应该怎么做，避免在经营中走错方向，同时在今后做决策和规划时擦亮眼睛。

1. 在某种意义上是计划经济

电子商务在整个行业里面属于计划经济，这里说的不是政府，而是平台，电子商务就是平台下面的计划经济。电子商务的平台往往是相互垄断的，他们掌握着规则制定的权力。平台的规则制定出来，可能就有一批卖家无法经营或者经营不好，而另外一批真正了解政策的人则成长起来了，这就是计划经济的意思。

我国是一个市场经济的国家，但是电子商务不是，我国的电子商务是计划经济。实际上，电子商务的领导是平台。因此，从某种意义上来讲，目前电子商务还是以垄断市场为主导。因为在电子商务领域内，我们可以清晰地看到，做电商是平台在定政策。所以，你如果做电商，不把握平台的政策，就等于不了解平台要做什么。

案例：淘宝2015年的政策变化

平台的政策会经常变化。2014年年初，整个天猫更加趋于时尚化、国际化，因为天猫要把年轻时尚的女性客户作为他们的重心。时尚是天猫的定位，它的消费人群就是以时尚的女性为主。同时，天猫还更加注重海外品牌，因为阿里巴巴上市了。上市是为了取悦投资方，而投资方是美国人，所以天猫大力鼓励海外品牌入驻。如果你领会了天猫这个政策的含义，在海外品牌方面动手，那么就抓住机会了。很多人就抓住了这个机会，知道天猫有这个政策，于是拿到海外品牌在国内的代理权，入驻天猫。2014年的“双十一”专门有一个会场就是给他们的，而且将他们放在同一个频道里面，从天猫里面单独划流量给他们，不管这个品牌有没有历史交易记录，排名都不受其他人影响。

此外，近一年来，淘宝大力发展移动端，“逼迫”所有的PC端卖家去搞移动端店铺，如果卖家从移动端投放广告，则会有很多优惠补贴。这就是淘宝的政策，所以做电商一定要懂平台的政策。

这就是电商平台的计划经济。我们可以看到，大的电商平台总是会根据行业的规律来调整它的战略策略。而那些跟不上平台政策变化的商家，就在平台的调整变化中衰落死去。因此，我们经常觉得电商风起云涌，经常会进去一批死一批，成长一批又活一批，每隔一两年就会产生这样一个周期。所以，经营电商要懂平台的政策。在电子商务里面，平台掌握着流量，它是计划经济的主宰者。如果想要搞好电商，则一定要及时了解平台的政策。

中国的电子商务是平台主导，在目前，淘宝仍然一家独大，在我国的电子商务领域中占据了很大的一部分份额，基本上形成了垄断的局面。

接下来当属京东商城、1号店、当当等这些大型的平台商，它们几乎左右着整个中国的电子商务的发展，而归根结底的垄断者则是阿里巴巴。可以说，阿里巴巴是中国电子商务的规则制定者。在这样的垄断机制下，我们要做到的就是了解计划，了解规则。2015年，移动端流量发生了变化，整个局面发生了潜移默化的变化，流量也在经历一个碎片化和调整的过程，也许这可以理解为电子商务在朝着市场经济化发展的一个开始吧！

2. 多平台的生态链

在中国的电子商务领域内，多平台的局面会持续存在。在我国电子商务近阶段，最知名的电子商务平台当属阿里巴巴，它是当之无愧的电子商务中的领头羊，曾经连续多年被评为全球最大的B2B网站。但是京东的重资产、低毛利、高服务的特色，也是在短期内很难被替代的。

电子商务的多平台局面，相当于这个领域内的好几个政府，好多企业，需要多平台地分划来进行管理，不是某一家就能代表电子商务、整个的平台企业或者整个的生态链。

3. PC电商流量为王

有人说产品为王，中国不缺好的产品，不缺好的设计，在PC端的电子商务领域里，流量是核心，谁占有流量，谁就占有制高点。电子商务的开展和发展，不由企业的资金实力或品牌效应来决定，而是由流量来决定的。

消费者在进行电子商务交易活动时，始终会寻找交易量较大的平台来进行。在PC端电子商务中投入资金的最终目的也是为了引来最大的流量。PC端电子商务最重要的突破点就是找准流量的聚集地。

做PC端电子商务一定要注意流量，也就是流量为王。要想做好PC端电商，就要找准流量在哪里，而不是自己产生流量。而且流量是有分类的，淘宝的流量和京东的流量是不一样的。如果一样，则它们两家就没有办法共存，一个必须绞杀死另一个。

4. 运营能力大于渠道能力

传统企业的线下销售模式是不断地拓展销售渠道，在全国开展尽可能多的渠道，发展大量的经销商，采取平铺式的销售方式。而电子商务是不同的，商品在互联网上的展示，是瞬间就能实现的事情，因此渠道就显得不那么重要了。

在线下销售中，一级代理商、二级代理商、分销商等角色也已经不那么重要了。在电子商务大环境下，厂家可以直接在互联网上开展销售，即采用最短的渠道进行销售。所以，在电子商务领域内，直接考验的就是企业的运营能力，即如何利用平台，如何利用一套成体系的营销工具来提升自身的运营能力。

电子商务是一个大渠道，很多企业都想在上面发展很多的分销商，发展很多的渠道。其实，电子商务发展多少个平台或者渠道并不重要，对渠道的管理运营能力才是最重要的。即使仅仅发展一个渠道，并且有很强大的运营能力，其效果也是显著的，所以说运营能力要大于渠道能力。

在电子商务中，传统渠道已经不重要了。线下的渠道是按省、市、片区划分并且相互竞争的。而电子商务就是一个流量转卖中心，如果企业利用这个平台向全国扩散，就根本无地域区分，无价格区分。在电子商务里，所有信息都是透明的。而传统的渠道就是铺货，虽然这也是运营能力的一部分，但是这部分功能已经被弱化了。

5. 交易链条缩短

传统的线下企业，由于供大于求、产品库存效率低、销售渠道不畅通等各种因素，可能会延缓行业供应链产业的发展。而电子商务的出现，有力地改变了这一现状，不仅大大节省了人力、财力、物力，而且有效地拓展了业务渠道，缩短了交易链条，摆脱了时间和空间的束缚，加速了信息流、资金流、商流和物流的衔接与互动。

现在，很多品牌商的生产厂家已经直接联网，一些C店的生产厂家也直接进入了互联网开展短交易链条的电子商务供应活动。

由于很多生产厂家直接上线，直接面对消费者，从而带来了交易链条的崩溃。很多线下传统企业、供应商、零售渠道，受到电子商务强大的冲击，供应链条严重缩短。厂家直接面对顾客，甚至设计师就可以直接面对客户，这就是D2C模式。

6. 成本导向

无论什么情况，在电子商务领域里，减少成本的投入是毋庸置疑的。在市场上，低价产品始终占据首要位置。低价、低毛利的商品始终卖得很好。只有一成左右的商家是靠品牌生存下来的，近九成的商家都是靠低价、倾销来取得在电子商务领域中的生存。

在现阶段，还没有建立真正的以品牌为主导的电子商务环境，仍然是以成本为导向。就连一些知名的传统品牌，在互联网的销售中都需要一定的价格优势才能赢得竞争。所以，在未来，很多传统大品牌会利用自身的规模效应，降低成本，逐渐将一些规模较小又没有什么特点的小电商挤出市场。

电子商务是可以塑造品牌的，在华南地区就有很多的淘品牌。但是传统企业进入电商后所面临的是降价，所以品牌的概念已经发生了变化。我们知道LV是著名品牌，那么小米叫品牌吗？小米其实是一个牌子，是一个知名的牌子。但是它未必能被称为品牌，因为它很便宜，附加值不高。电子商务里有大量的人群，他们是早期进入电子商务的“屌丝”人群。这些人在淘宝上倾向于买假货，买仿货，寻求便宜是他们在网上购物的一个主驱动力。到今天，人们选择在网上购物仍然是追求便宜。

那么品牌有没有存在的可能性呢？当然有。品牌虽然有存在的可能性，但是以成本为导向导致了在电子商务里面产生的品牌都是廉价的，知名的，性价比高的牌子，而不是所谓的拥有了消费者情感和价值共振的品牌。在电子商务里，未来会有品牌，因为电子商务的人群在发生变化，但是今天仍然是以成本为导向。

7．营销成本与线下逐渐趋同

电子商务发展至今，其营销成本越来越与线下趋同，由于资本商的加盟将整个电子商务领域内的广告价格大幅度提升，电子商务的营销成本，包括广告的投入，正逐渐与线下趋同。而目前消费者还能在网上买到价格便宜的商品，是因为电子商务的交易链条大幅度缩短。

8．全面竞争

由于传统企业都想加入电子商务，在电子商务里分一杯羹，因此，无论是在原材料、产品生产、拍照与美工、运营还是在人才管理等方面，都展开了激烈的竞争。电子商务发展至今，无论是资本的竞争还是人才的竞争，都和过去都不一样了。过去的广告是免费的，只要有货就可以赚钱。但是今天的广告价格高昂，大多数企业都在资金和人才方面互相拼抢。为抵御激烈的竞争，类似于电子商务的第三方服务商（例如E店宝等）也应运而生了，它们从各个层面都在辅助电子商务的发展。电子商务的环境也趋于生态系统化，比拼已经往纵深发展，全面的竞争开始了。

电商课堂：美国电商和日本电商是什么状况？

美国是世界上最早发展电子商务的国家，同时也是电子商务发展得最为成熟的国家。美国的电子商务应用领域和规模都远远领先于其他国家，在全球所有电子交易额中，目前大约有50%都发生在美国。根据美国制造者协会的调查结果，80%的美国制造商拥有自己的网站，其电子商务交易的使用率也非常高。

在日本，便利店成为日本网络商店推动电子商务发展，解决资金流与物流问题的主要方式。日本在发展网络科技的基础上，利用众多的便利店，形成独特的日本式电子商务模式，既解决了电子商务的物流配送问题，也体现了日本人在“新经济”和本土传统经济形式上的巧妙结合。

1.3 集市成了专卖店

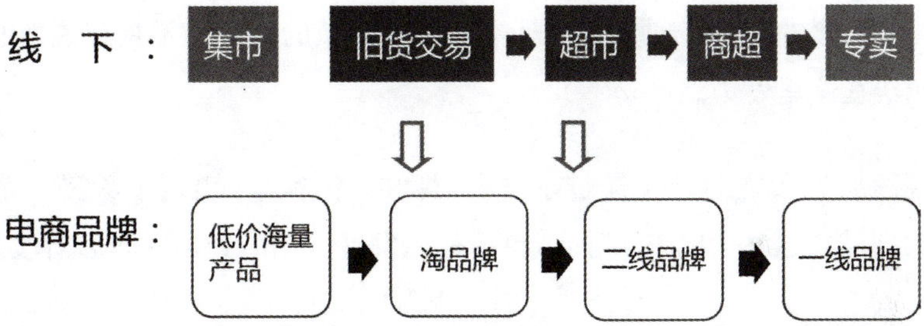

图 1-3

电子商务的发展之路，佐证着一件事情：淘宝的计划经济，到底是怎么计划的？通过电子商务这些年从集市到专卖店的转化，可以清晰地看到电子商务的发展过程。

过去大家都赶过集，赶集是零售业最早的发展雏形，并且存在了一段时间。当经济发展起来之后，出现了一种有组织的交易市场，比如北京西三旗的旧货交易市场，这就是有组织的旧货市场。有组织的旧货市场出现之后，整个宏观经济在变化，人的聚居地也开始变化，出现了社区，于是小规模的超市开始出现了，其被叫作小型超市。小型超市不断地产生，接着大家开始有品牌的诉求，于是开始出现大型的商超。大型的商超不断发展，在社区成为一个主体的购物中心，这时候其周边就会发展，开始产生专卖店。

这些传统商业的发展历程，大家都经历过，它们是传统产业。这些传统产业发展了多少年？改革开放多少年，它们就发展了多少年。

但是电子商务用了不到十年的时间，把全部的阶段都走过来了。早期的集市和旧货市场，就是淘宝。超市是一个过渡阶段，就是淘宝商城。淘宝搞了一个淘宝商城，搞了没多久，就不搞了。淘宝商城就是小型超市，是在宏观经济的时候，淘宝为了狙击实体超市进军电商，在上海搞的一个试点。天猫是后来搞B2C大战的时候才产生的，后逐渐发展到今天。淘宝和京东在互相玩弄对方。淘宝商城为什么会失败呢？在当时的状况下，淘宝商城根本没法做起来，因为市场是以时间为规律走过来的，那个时候市场还不具备开商城的条件，不具有这样的种子和机遇，无法在这里发力。

淘宝商城失败之后，又经过了一段时间的等待，才出现了天猫、京东这样B2C的大商城。这些大的B2C商城会再往后发展，然后到达专卖店阶段。

今天，移动端来了。移动端带来了奇迹，伴随着移动端和电子商务的发展，专卖店逐渐开始运营，今天正是处于这个阶段。社区电商就是专卖店，原来是以品牌为中心，现在一个个体就可以搞一个自媒体，自媒体就是专营专卖你自己的东西，它在移动端和社会化的阶段将会取得巨大的成绩，这就是所谓的电商的专卖品牌。

当然，等到电子商务的市场更加成熟，就会有更多的高端用户加入到电子商务消费者的队列中。他们对品牌的认知度更高，会到自己喜爱的品牌的官方网站买东西。目前这种模式成功的先例倒也不是没有，苹果和小米就走出了这样一条路子。不过需要注意的是，苹果和小米都是消费电子类产品，它们的官方网站都具有厂家的特殊服务和信用保障，同时这两个品牌都是被网购一族追捧的品牌，所以才能取得成功。其他品牌想要走这样的道路，就不那么容易了，还需要付出更多的努力与等待。

电商课堂：电商为什么要创造品牌？

电子商务开始出现的时候就像社会中的一个肿瘤，因为当时整个社会都在排斥电子商务，传统企业的老板认为电子商务是在抢他们的生意，肯定做不成，而且电子商务充斥着假货、低价、破坏游戏规则等，当时很多人也都是这么认为的。那么电子商务要想名正言顺地发展起来，怎么办？

平台为了改变这种局面，就自己造品牌。它需要挑战自己，需要品牌化。把没有品牌的产品贴上标签变成品牌，比如淘宝的淘品牌。之所以要这样做，是因为要和品牌企业竞争。这一招很有效，著名的淘品牌芳草集做出来之后，宝洁开始思考，欧莱雅开始思考，要不要进入电子商务？但是它们还是不进，因为它们要进行防御，接着就进入下一个阶段——超市阶段。超市阶段还主要是以淘品牌为主，但是进入超市阶段，就开始有品牌进入了。

1.4 电商营销，幸福已成往事

要想做电子商务，就必须搞营销。了解电子商务营销发展的历史，才能更好地了解电商是怎么发展起来的。电子商务的营销发展史分为四个阶段，即商品铺货的竞争、商品品质的竞争、管理体系的竞争、全面的竞争，如图 1-4 所示。电子商务发展到今天，已经到了全面营销竞争的阶段，并且已经到了非常激烈的地步。在早年，电商的营销是很简单的，可以说，早年的电商是从比较幸福的状态过来的。

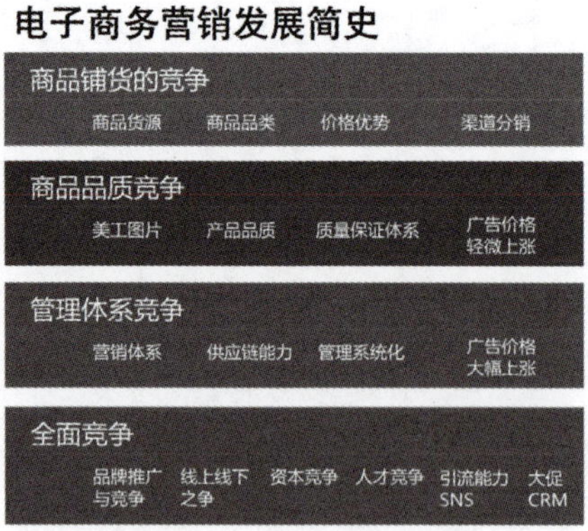

图 1-4

1. 商品铺货的竞争

早期的时候，电商的营销竞争是商品铺货的竞争。铺货就是为了尽量让网民更方便快捷地找到商品，而把商品大量地放到各个网站上去。那个时候做电商愁的是没有货源，找不到商品，和厂家联系不上，厂家不愿意把货给你，货源是早期竞争的关键环节。

商品以铺货方式开展竞争，这种营销方式是比较初级的阶段。早期做电子商务的时候，有货基本上就可以赚钱。因为当时的淘宝等平台都在烧钱，那个时候只要把商品放上去，这些网站就会给你流量。所以电商营销发展的第一阶段是商品铺货阶段，这是为了满足平台商丰富货源的目的，因为平台商需要大量的商品来形成丰富的商品中心。

2. 商品品质的竞争

解决了货源的问题之后，电商营销进入第二阶段——商品品质的竞争阶段。随着电子商务竞争的发展，吸引客户，提高客户的信任度变得越发重要。商品的图片、网络的页面、文字描述甚至是品牌故事的优化是商家竞争的利器。很多电商品牌就是在这个阶段脱颖而出的。

这时候大家已经经历过廉价商品和商品质量低下的阶段，人们的观念开始逐渐转变，所以这时候出现了商品品质的竞争。做电商要吸引新流量，引流是至关重要的。在网上，消费者是看不到真实的商品的，他们看到的只是图片。因此，做电商，商品品质最关键的要素就是商品图片，商品图片的竞争到今天仍然处于白热化的阶段。因此，商品图片一定要拍得漂亮，很多电商都会花大量的精力去把图片拍得更精美，和别人的不一样，以此来体现自己的商品和别人的不同。

商品图片的发展过程是这样的：最早期的时候是商品图片随便拍；后来开始摆拍，无背景地摆拍；接着开始对商品图片进行抠图，在纯色背景里摆拍，加模特摆拍，将模特放在纯色背景里摆拍，再将模特放在背景图中进行摆拍，加模特去室外的自然景观中摆拍，还有中国模特和外国模特在室外的实景摆拍；现在又开始搞视频，搞3D，把一个人像抠出来，360度都拍到，甚至把衣服尺寸都定好，每个人穿上这件衣服分别是什么效果，都可以展示出来。

当然，现在最重要的还是图片的展示，视频的展示还在不断尝试中，也许过一段时间，视频也会加入到商品品质的竞争之中。

3. 管理体系的竞争

很多传统企业认为，做电商就是招聘两个人，把电商和传统企业结合在一起。这种想法是不对的，做电商没有那么简单。电商的管理体系是独立的，仓库、客服、整个运营体系要相对独立，所以管理体系要相对独立出来。这是对企业供应链的考验，内部管理的考验，所以这个时候需要强大的营销体系、供应链控制体系，还有综合管理，这就是管理体系的竞争。

现在很多企业都开始搞移动电商了，但是大部分都失败了，这其中最重要的原因就是没有“自宫”能力。“自宫”是一种能力，移动端电商一定要和PC端电商分离出来，必须独立一个部门，独立核算，这样移动端才能真正搞起来。必须要把移动端部门和PC端部门分离，因为它们的营销模式完全不一样。如果移动端做好了，就会把你的PC端干死，就会把PC端的老客户给抢走，因为它们相互之间是有冲突的，所以做移动电商要具备“自宫”能力。但是“自宫”也未必一定成功。它是一种能力，它要求你的团队具有变革的能力，具有根据移动端的调整来重新创造的能力，所以现在做得好的企业一般都是从PC端调一个运营过去，然后来组建团队。

4. 全面的竞争

最后进入全面的竞争。这对电商企业提出了更高的要求，线上运营管理、品牌经营、老客户营销、供应链整合甚至人才和资本的竞争都开始逐步进入白热化的阶段。全面竞争体现在品牌推广方面的竞争，线上、线下的竞争，甚至自己和自己的竞争——线上放一个牌子，线下放一个牌子，这两个牌子之间会产生争夺客户的问题。然后面临资本的竞争，伴随投资人在电商的发力，大家还要面对资本的竞争，另外还有人才的竞争，SNS的竞争，CRM的竞争，最后到达全面的竞争。

电商课堂：中国的电子商务是怎么发展起来的？

中国的电子商务发展历程具体来说大致经历了以下几个阶段。

- 1999年至2002年：萌芽阶段

大约在2000年的时候，网民的网络生活方式还只是停留在电子邮件和新闻浏览的阶段，市场还没有成熟。

- 2003年至2006年：高速增长阶段

当当、阿里巴巴、淘宝，这几个名字逐渐走进人们的生活，大批的网民逐步接受了网络购物的生活方式，电子商务基础环境也不断成熟，物流、支付等问题得到基本解决，在电子商务领域里，有不少商家迅速成长，积累了很多电商运营管理经验。

- 2007年至2013年：电子商务纵深发展阶段

在这个阶段，电子商务已经不仅仅是互联网企业的天下。无数的传统企业和资金流入电子商务领域，使得电子商务进入纵深发展阶段。

- 2014年至2015年：移动电子商务开始飞速发展

在电商领域内，移动端开始大行其道。

1.5 女选淘宝，男选京东，白领选当当

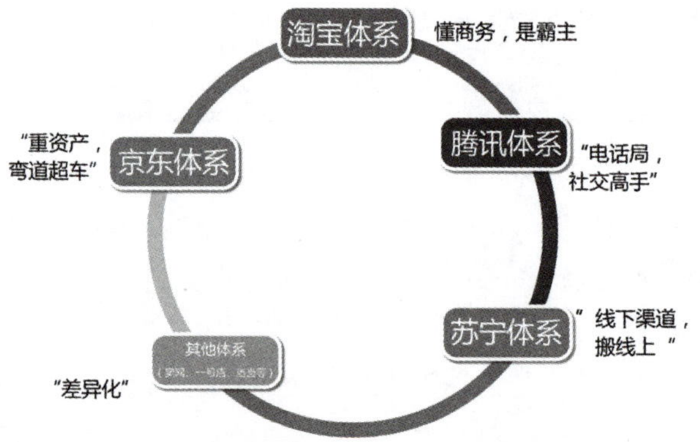

图 1-5

第三方电子商务平台，就是通过网络服务平台，按照特定的交易与服务规范，为买卖双方提供服务。第三方电子商务平台是随着电子商务的发展而出现的，和电子商务一样，它必须依托于网络才能发挥作用。第三方电子商务平台不是买家也不是卖家，而是作为交易的平台，像实体买卖中的交易市场。作为服务平台，

第三方电子商务平台需要更加专业的技术，包括对订单管理、支付安全、物流管理等能够为买卖双方提供安全便捷的服务。

目前，第三方电子商务平台已经形成了一个产业。第三方电子商务平台实际上是一个服务商的角色。目前，有哪些比较重要的第三方卖家平台呢?

1. 淘宝体系——“懂商务，是霸主”

淘宝体系是指阿里体系，它是中国最大的电子商务平台。淘宝是一个懂电子商务的霸主，它占电子商务的总体比例很大。淘宝是专业的电子商务公司，它通过阿里巴巴建立了自己的生态系统，还有整套的支付体系，是一个庞大的生态系统。淘宝的生态系统是用服务化体系建立起来的，因此就构成了一个生态圈。

从目前市场份额来看，淘宝在我国第三方交易平台市场中拥有半数以上的市场，主导了第三方交易平台的发展。传统企业做电商，一开始一般都会选择淘宝，现在也有很多人选择京东以及其他平台，但是如果要做电商，淘宝是不可或缺的。

然而，由于淘宝起步较早，淘宝中的商家面临着残酷的价格战和竞争。能在淘宝开店的商户，大多有自己的工厂做“后盾”。在淘宝中开店都是靠销量的，如果销量少，则根本不会赚钱。即使如此，依然有不少商家愿意在淘宝开店。由于有先入为主的优势，淘宝依然是目前规模最大、信用体系最完整的第三方卖家平台。凭借其他企业无法比拟的用户资源优势，淘宝留住了一大批优质商户。

2. 京东体系——“重资产，弯道超车”

京东商城是以经营3C产品为主的电商平台，它是中国电子商务领域中最受消费者欢迎和最具影响力的电子商务网站之一。京东曾经投入大量的人力、物力建设重资产，在本地化配送方面，京东通过重资产弯道超车，和淘宝拉开差距。

京东在物流、仓储和服务商方面投入了巨大的成本，建立了重资产比例很高的资产结构。与其他一些电商相比，京东商城在发货方面有着自己最大的优势，几乎在全国范围内都建有物流渠道，顾客在各个城市里都可以进行自行提货。所以在京东商城购买商品不用考虑发货的问题。这让京东在消费者心中建立了高品质的形象。

京东也有 POP 平台，电商可以去京东开店，而且是自己发货，可以用京东的物流，也可以用自己的物流，可以用京东的仓库，也可以用自己的仓库。京东商城的优势在于其物流体系。与淘宝不同的是，京东拥有一整套仓储、物流体系，并且可以让使用第三方平台的商家共享。这一优势也自然成了吸引商家入驻的主要原因。

3. 腾讯体系——“电话局，社交高手”

腾讯是一个善于模仿，在模仿中创新的公司。在别人的基础上开展创新，叫作微创新。在电子商务领域内，腾讯一直在微创新。在电子商务方兴未艾之时，腾讯推出了著名的拍拍。腾讯是永远能够摸到时代脉搏的高手。

但是，腾讯的本质是电话局，它是一个社交高手，主要做即时通信的。腾讯为什么要开展电子商务？拍拍、易迅虽然依托于腾讯 QQ 庞大用户群的优势资源，但是由于不具备先发优势，其信用评价与支付体系的建立也逊色淘宝不少。不过由于入驻的商家相对较少，在这里的推广费用较低。微信的推出更加有助于腾讯做电子商务了，微信商城也在逐步的酝酿当中。总的说来，腾讯在利用自己是电话局的优势，不断地扩张自己在商务领域的地盘。

腾讯现在做微信控制了手机端入口，其电商也一定趋于 CRM 和社交电商发展，未来微信与淘宝的来往必将共同瓜分电商人群。目前已经有很多商家借助微信开展了电子商务的营销活动，也取得了不错的成绩。

4. 苏宁体系——夹缝中求生存

传统企业苏宁也进入了电子商务领域，建立了线上体系苏宁易购。苏宁的线下实体店大批关闭，因为线下实体店在激烈的竞争和重压之下，交易额急剧萎缩，苏宁不得不背水一战。苏宁在电子商务里几乎投入了上百亿元。

京东有“6·18”大促，淘宝有“双十一”大促，苏宁夹在中间很着急。所以，苏宁搞了一个“8.18”大促。苏宁作为零售渠道体系，被夹在两个强大的平台中间，不得不反击，不得不背水一战，它唯一的出路就是利用好它的实体业务，做好O2O。苏宁有钱，有渠道，有全国直接的配送体系，有老客户消费群体，有强大的CRM管理体系，所以它做电商有很强的实力。但是苏宁没有意识到自己的长处，一直拿自己的短板和别人的长板在拼，拿价格在拼。但是价格不是它的优势，它的优势是实体店的体验和配送，如果能把这一点做起来苏宁就牛了。

5. 其他体系（当当、卖网、1号店等）——“差异化”

1号店是以本地化、生活化为特色的电商平台。比如你在下班途中想买一袋盐，扫一下地铁里的二维码就买好了，之后回到家时，盐也送到了，沿途不需要去逛超市，这就是1号店的特色。它相当于便利式的门对门的超市体系。

每个平台都不一样，它们都在做细分。淘宝的流量是偏女性化的，偏“草根”化的，它和京东不一样。京东是从3C类目做起来的，它里面的用户人群是男性化的，虽然女性用户也很多，但是它偏男性化。当当以卖书起家，它的用户以白领人群居多。白领人群和别的客户群不一样，他们具有白领的特色和特点。

因此，不同平台的消费人群是有差异化的，选择从哪个平台入手，要看自己的商品特色，未必要先从大的平台先入手。但是，你的商品属性决定了你要从哪个流量入口进入，所以，在各个平台都在选择抢流量的时候，要做电商，就要先抢流量，而不是先从技术入手。先从哪个平台入手，要思考哪个平台的流量更适合你的商品。

电商课堂：品牌商该如何选择第三方电子商务平台？

这么多的第三方电子商务平台商，到底该怎么选择呢？

首先，淘宝必须要选。在淘宝中会体验到很多，虽然淘宝也有自己的问题，但是淘宝有流量，能够在这里占领一个入口，就取得了很大的成功。淘宝的优点是没费用，缺点是鱼龙混杂，难以建设出高端的品牌形象。

天猫相当于大型的“购物中心”，进驻天猫需要交场租费。天猫最大的优点是可以自己收银，没有中间商的插入和截流。

选择当当、亚马逊不但得交场租费，还得忍受账期——好处是这两个平台的口碑不错，基本按照合同来，不拖欠账款。

京东的配送体系比较好，信用体系没有淘宝那么复杂，新店进入的难度相对较低。

为了分散风险，也可以选择当当、亚马逊这些口碑还不错的平台，这几个平台的流量很优质，账期也还合理，应该拿出一定的精力、人力、财力慢慢去培养。

这些平台都在这个生态系统中不断竞争着，每一家都有自己的优势，每一家都有自身的特点，要判断自己的商品是否适合这个平台的类型和特点。

1.6 地图上的电商

电子商务在中国很多热点区域的发展不是很均匀。华东地区的电商企业大约占全国电商企业的 50%，剩下的大多分布在华北、华南。电子商务为什么会是这样的分布呢？

1. 北方：政治中心

北方的优势是什么？为什么北方也有那么一大批电商企业？这是因为北京是我国的政治中心。在北京，政府对电子商务扶持的力度非常大，像京东这样的公司在北京得到了政府的大力扶持。

另外，我国北方也是经济发展比较有特色的地区，这里边境贸易比较发达，拥有众多的特色工业和特产，但是由于商业环境欠发达，很多企业需要借助互联网突破地域的限制。

另外，北京作为我国电子信息产业发展的一个中心，也拥有很强大电子商务发展的技术支持力量。当然，中国北方的人口密集度也相对较高，拥有比较庞大的消费群体。

2．华东：平台的优势，仓储配送成本最低

电子商务的地理优势为什么那么重要？因为物流成本。电子商务的配送体系非常重要，举一个例子，从上海发快递到北京，假如快递费是 5 元，从上海发快递到广州，快递费也是 5 元，但是如果从广州发快递到北京就是 10 元。而对电商来说，物流成本是成本最重要的一个环节，以成本为导向的电子商务，将会让 50% 的公司都会选择在这个地区发展。

3．华南：制造业的中心，缺人才，物流贵

华南是中国制造业的中心，这里有大量的工厂，所以华南地区有货源优势，这是华南地区电子商务发展快的一个重要的原因。在未来的一段时间内，华南地区的电子商务将可能会有很好的发展。但是实际上，细数当今的电商巨头，淘宝、京东、当当、苏宁易购……几乎没有一个是华南地区的企业。在电商的阵营中，华南地区难觅亮点。为何华南地区的电商们很难成就大业？

华南地区的电商老板大多是从传统行业转战电子商务的，当然，这并不是最重要的原因，最关键的是由于同级别企业较少，导致员工流动率较低，人才培养时间过长等因素制约，华南电商的人才可谓非常稀缺，没有人才的支撑，怎么发展企业？相比华南地区，北京有极其发达的电商环境，大大小小的电商企业培养出大批有实战经验的员工。而且，更重要的是，这些老板们自身就有着极其丰富的电商经验。

此外，华南地区由于地处南方，所以物流成本很高，在华南地区做电商，会有一定的困难，其实这个问题也可以想办法解决，比如通过在北方某地设立一个仓库，就可以解决。但是在早年间，大家一般都不这么做，现在这种情况已经开始改变了，传统企业做电商，他们不缺仓库，但是这个问题仍然是目前制约整个中国电商发展的一个重要的原因。

电商课堂：华南电商与华北电商有哪些不同?

电商的物流瓶颈是现在电商分布呈现今天这个状况的根本原因。伴随着现代物流的发展，这一层面将被打破。如果华南地区发挥制造业优势，华北地区发挥政治与人才优势都会让电商有很好的发展前景。

对电商而言，网站流量与知名度对企业成功与否起到很关键的作用。在北京，几乎聚集了中国最多、最好的媒体资源，很多电商企业的发展都得益于此。华南媒体虽然也比较发达，但是大多数属于传统媒体和地区性媒体。因此，可供华南电商使用的媒体资源并不丰富，这在无形中影响了华南电商的发展。

此外，也有人认为，华南地区的商人相比华北地区的商人更保守，因此在企业的扩张速度与规模方面比较谨慎。因此，华北地区的电商企业一般比较容易做大做强，虽然其营利能力一般，但是规模方面则远在华南企业之上，比如京东、当当等。

此外，华南市场缺乏像北京和上海那样成熟的风险投资环境，因此，华南地区企业接触风投的几率也比北京、上海低，而资金正是电商企业发展的命脉。

1.7 生鲜电商的困惑

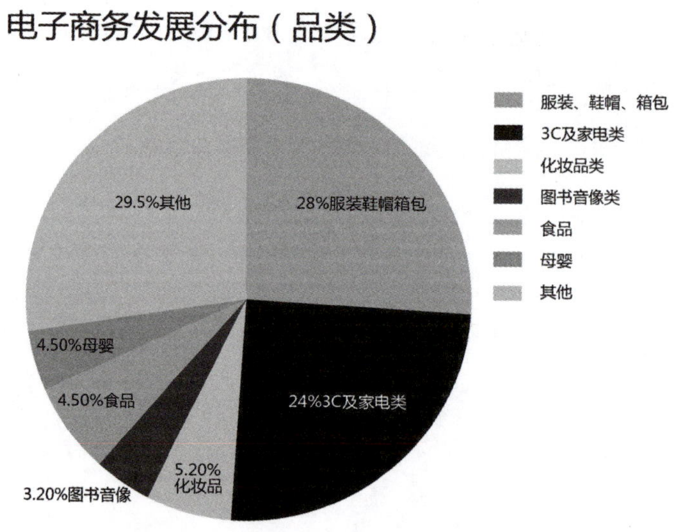

图 1-6

传统企业进入电子商务，都面临着产品线更新的问题，因为传统企业线下经营的产品线，在互联网上并不一定合适。因此，对于电子商务所销售的产品线组合，一定要重新定位。所谓的定位，就是要解决在网上卖什么产品的问题。

这个问题包括三点内容：一是根据企业生产的产品，确定适合的品种在网上进行销售，这个产品必须有一定的优势。在网上销售的产品，要考虑易包装、能抗压、不易碎、物流运输方便等特点。二是确定潜在买家，根据你的产品，确定消费人群并进行细分，以选择合适的站点风格、宣传途径及销售方式。三是要做出自己独特的核心价值。

电子商务绝不只是通过互联网销售商品那么简单，也并不是所有的行业和产品都可以做电子商务。不同的产品有着不同的特质，有些适合在网络平台上销售，比如服装，尤其是女装。很多年前，人们认为在网上卖服装由于无法试穿，无法判断质量好坏根本行不通。但是事实恰恰相反，服装行业在电子商务领域成了发展得最好的行业。服装鞋帽已成为网上零售的第一大门类，占到将近 30% 的份额，其中在购物零售网站淘宝网中占到将近 80% 的市场份额。类似这种的商品还有箱包、礼品、家居产品等。

但是，有些商品目前就在电子商务上发展乏力，例如生鲜类商品就因冷冻仓及快递物流的问题而发展缓慢。因为生鲜食品的供应链比较难做，很多生鲜食品需要保鲜，由于流程烦琐，如何避免在运输过程中变质，是生鲜电商必须要面对的问题。生鲜类商品不仅要快速运转，而且对于仓储和物流都有很高的要求，有的需要冷链运输，而一些小的企业根本没有这个条件，即使一些大的企业有这样的条件，成本也太高了。另外，在线上销售生鲜类商品的毛利并不高，大白菜在菜市场里卖一元一斤，而放在线上卖根本无利可图，对大多数消费者来说，与其网购和预期并不相符的商品，还不如直接去附近的超市购买新鲜的。做生鲜电商，除掉产品成本、各方面的运营成本，目前想要赢利是比较困难的。

但是，有些生鲜电商却另辟蹊径，他们借国内食品屡次出现安全问题的机会，走上了有机、高品质的路线。在目前的状况下，食品安全逐渐变为成为人们的隐性需求，而在线下菜市场的安全性不太可能有保证的大环境下，这对生鲜电商来说是一个巨大的机会。从长远来看，生鲜电商领域还是大有可为的。

食品毕竟是民生之本，其市场容量大，细分领域很多，消费者重复购买率也比较高，一旦有好的购物体验，顾客的忠诚度也很高。所以做食品电商的机会也很大，也涌现出了一些做食品的电商品牌。那么食品应该怎么做？对创业型的小企业来讲，可以从一个单一品类开始做，做品牌，做有标准化、有特色、有高附加值的产品。从这个单一市场进行切入，然后进行逐渐扩张。具体来说，可以从如下几点入手。

做特产。中国地大物博，全国各地都有不同的特产，而以往由于条件限制，这些特产只能在一定范围内销售。现在有了电子商务，则可以在全国销售。

做品牌。食品这个行业有数千年的历史，在中国也有一些食品的品牌。但是电子商务的发展带来了更多的机会。现在，消费者对食品的安全更加关注了，人们更渴望吃到健康的食品，这里面也包含着很多机会。

挖掘概念。现在人们的消费水平提高了，对食品也开始有所选择，很多消费者对于高档食品是有客观需求的。

案例：新疆大枣——概念好市场大

某家公司只销售新疆大枣这一个单品，这家电商公司从零起步，只用了短短几年时间就缔造了销售过亿元的销售奇迹！不可否认，新疆大枣这个单品在整个特产行业里面，无疑占据独特的竞争优势，其原因有以下几点。

首先，概念好。红枣不像某些区域性太过明显的特产产品，只被某些小区域范围内的消费群体所熟知。红枣这一特产概念很普及，补血养颜等食用价值人尽皆知。这一特征大大有利于产品的推广与销售，节省了大量的推广费用。

其次，市场大。红枣既可以当作休闲零食，也可以拿来煲粥、煲汤，男女老幼均可食用，符合大众口味，而且红枣的消费频率很高，远超过一般的特产商品。据估计，全国红枣市场有不低于100亿元的销售规模。

同时，大枣方便存储与运输。大枣能在常温之下长期保存与运输，而且红枣的重量不大，很符合电子商务中的物流销售条件。

最后，更重要的是品质容易辨识。这家公司销售的是新疆大枣，所谓大枣就是比一般红枣的个头大2～4倍。传统特产的品质难以标准化，消费者缺乏专业知识很难分辨品质的高低，但是大枣不存在这个问题。因为消费者很容易判断大枣质量的好坏，事实上因为水土、气候等方面的原因，新疆大枣的营养成分也确实高于普通红枣。无形之中，消费者的这种认知大大有利于产品的销售。

综合而言，新疆大枣在特产里具有独特的优势，这在一般的特产领域里面并不多见。这些独特的产品优势有利于新疆大枣拓展电子商务市场。这家公司选择了新疆大枣这一具备独特竞争优势的特产商品作为切入点，这也正是他们成功的关键所在。

随着电子商务市场的日渐繁荣，越来越多的企业和个人投入到电子商务中。但是电子商务与传统行业的结合并不是轻而易举的事情，并且要所有的产品和服务都适合电子商务模式。到底什么样的商品适合在网上卖？

1. 标准化的产品

一般而言，适合做电子商务的行业或者产品，都具有标准化的特征，销售的产品或服务相对标准化。例如，书籍、音像制品、服装、鞋子、家电等，它们的共同特点是，产品都有一个清晰、被认可的标准或规范。由于在网上购买商品无法细致挑选，因此标准化的产品比较适合在网上进行交易。

2. 利润空间操作性强

任何人做电子商务，都是为了获取利润，没有利润的事情肯定没人去做。但是利润过低、价格过于透明的商品，并不适合电子商务模式，比如在市场上能轻易查询到价格，比较性较强的产品。而一些行业的细分商品，在传统市场中不多见的商品，价格不透明、利润操作空间较大的商品，就很适合电子商务模式。简单地说，没处比较、没处查询价格、市场不常见的商品更适合开展电子商务。此类商品有工艺品、服装、成人保健品等。目前网络上常见的服装类 B2C 模式，都是卖家低价从工厂进货，所以利润空间较大，在市场的操作上、促销上都很容易把握。

3. 具备适宜配送的属性

适宜配送的商品也比较适合电子商务模式。如果灯具，其在配送的过程中就比较容易被损坏，这就需要电商在产品包装上下功夫，否则就很难在网上销售。此外还要注意外包装，避免在配送途中出现损坏的情况。

此外，太大的商品也不适合在网上售卖，因为配送成本会很高。选择易碎、超大件物品开展 B2C 电子商务，只能限制自己的市场，因为中国的物流系统并不发达，因此配送比较困难的产品比较难开展电子商务。所以，选择体积较小、不会轻易被损毁的商品开展电子商务，有利于降低运营成本、提高工作效率。

不过，随着我国仓储物流业的不断发展，O2O 模式逐步成熟，很多局限也会被打破。比如知名的家具品牌芝华士、灯具品牌麦灯灯都在尝试创新模式。

4. 客户黏性高

客户黏度高的商品，比如坚果类的食品，其味道好，价格适中，吃了一次还想吃第二次，因此客户黏性比较高。客户黏性高的商品容易吸引客户多次购买，而商品复购率高则会减少网上广告的投入成本。比如化妆品、副食商品这些具有购买周期，而且客户黏性比较高的产品，都非常适合开展电子商务。尤其是在互联网上真假参半的情况下，客户往往会选择一个有信用的商家，重复购买。如果商家在这个时候能够有效地开展老客户营销，就会收到很好的效果。

做电子商务，产品与行业的选择很重要，不同的产品、行业属性都是不同的。找准产品与行业，离成功就更近了一步，所谓选择比努力更重要就是这个意思。

电商课堂：电商如何挖掘商品机会？

在商业领域中，有一个著名的“长尾理论”，即如果把足够多的非热门产品组合到一起，实际上就可以形成一个堪与热门市场匹敌的大市场。非热门产品构成的即是“长尾市场”，这块市场往往被传统的零售商所忽视，因为他们往往受货架、仓储等空间限制而力所不能及。

而互联网恰好有这方面的优势，一方面，在互联网上，可以以极低的成本把非热门产品展示出来，而不必担心货架、仓储等空间限制；另一方面，互联网上聚集了海量的人气，借助搜索引擎、网络广告等工具，可以有效地将非热门产品和非热门需求结合起来，使非热门产品变得“热门”。所以，在寻找经营方向时，不妨把尽可能多的产品拿出来分析，从中挖掘机会。

1.8 电商趋势：路在何方

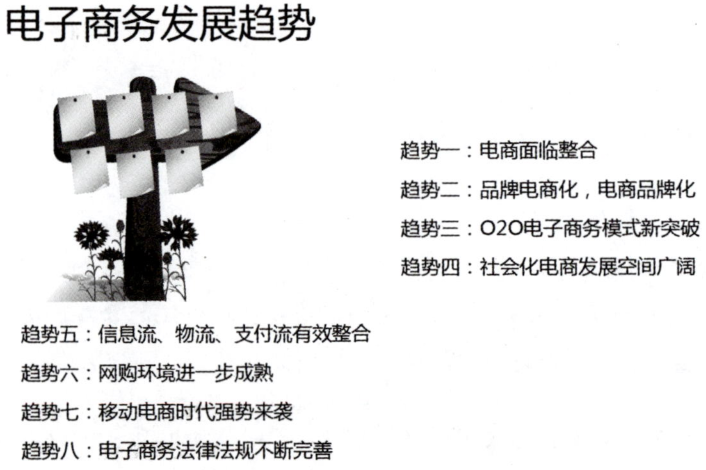

图 1-7

随着各种传统企业向电子商务的迈进，电子商务的格局也面临着变化。马云认为，未来电子商务将彻底融入到所有企业的血液当中，成为企业日常运作的一部分。这不仅是B2B与C2C、B2C的互相融合，而且还是与搜索引擎、门户网站、即时通信、社区博客、电信运营商、手机电脑等终端厂商，甚至是传统行业的企业融合，从而达到互相带动、互相依存的效果。所以，不管是哪种企业，如果能够了解电子商务的发展趋势，就可以明确找到企业未来的发展方向。

1. 电商将面临整合

虽然目前电子商务发展趋势依然火爆，但是却仍然避免不了一个事实——电商要大洗牌，大批电商将会被淘汰！目前电商市场的竞争仍然以价格为中心，电商们疯狂“烧”钱，这就导致一大批电商因为资金链断裂而退出市场。

同时，由于B2C领域的一些电商缺乏供应链和产业链对其的支撑，导致企业对商品的品质和成本无法把控，从而出现各种各样的问题，企业大量亏损。接下来将会是一个整合的时代。伴随着电商大跨步前进，机会与风险一起爆发。

2. 品牌电商化，电商品牌化

早期做电子商务，是以售卖商品为中心，现在是品牌电商化，电商品牌化，就是做品牌的人开始做电子商务，做电子商务的人要把自己的商品，或者是货源体系包装成品牌。

品牌电商化：各大传统企业借力先天的品牌、供应链、产业链管理等优势，纷纷进入电子商务领域。但是，相对于从互联网起家的电商企业，传统品牌企业实现电商化仍然面临缺乏运营经验、缺乏人才、线上与线下整合等很多问题和难题。

电商品牌化：品牌需要多年的沉淀，因此电商公司必须要尽快积累品牌元素。在国外电商中，大部分都是来自传统企业，只有一家是纯电商企业。而在中国，顶尖的几家大公司几乎全部都是纯电商企业，因此，他们必须要努力实现品牌化。

3. O2O电子商务模式新突破

一般人们都会认为，电商最大的优势之一是在虚拟空间中进行，不需要实体店面，因此房租、水电、人力成本较低，所以能以价格优势取胜，在电子商务早期确实如此。但是，随着市场的发展，实体店的价值将被重新发现，它将成为电商体验中的重要环节，只是其角色和功能会有所变化。将来，企业需要线下和线上联动互补，形成合力，线上将会是销售的主场，而线下通过免费优质的体验向线上导流，以免费服务吸引流量，通过增值服务促成转化。

O2O正在引领着一场电子商务的变革，线下的服务可以在线上进行支付，线下商户也可以像电商企业一样查看具体的营销效果，这个正在逐渐形成的生态圈，将会吸引更多的线下商户将其业务和线上业务有机融合，从而实现O2O电子商务模式新突破。我认为，未来的电子商务将突破线上、线下的界限来统一为消费者服务，O2O仅是名词，但是本地化电商极可能会有所发展。

4. 社会化电商发展空间广阔

社会化电商，就是通过社会化的方式来更好地促进电子商务发展。如今互联网快速发展，现实和网络的界限越来越模糊，社会化电子商务就是希望通过将人的社会属性以互联网的方式进行传播。例如你买了一件漂亮的衣服会和朋友分享，然后你的朋友也可能会去买，也可能会再告诉他的朋友。同样，通过朋友，你也可能发现你喜欢的商品。而这样的一个社会化的过程，现在也可以通过互联网的方式来实现。社会化电子商务是电子商务发展到一定阶段的产物，因此有很广阔的发展空间。

5. 信息流、物流和支付流有效整合

许多电商企业都意识到了电商金融的潜力和市场之大。阿里巴巴、苏宁易购、京东等电商巨头相继推出了供应链金融贷款服务，而京东收购了网银在线，各大银行也纷纷上线电商平台，并有针对性地推出各种电商理财产品，这一系列针对

电子商务市场的营销策略，使得电商平台之间甚至传统金融企业之间，已经在电商金融领域开始了很明显的明争暗斗。

6. 网购环境进一步成熟

当前，网络购物环境日趋完善和成熟，其快捷、方便、不受地域限制的特点使网购已经融入了人们的生活。

然后，一直以来网络安全影响着网民个人信息安全、在线交易安全和网站运营安全，从而也直接影响了电子商务的稳定和网民对电子商务的信任。对此，工业和信息化部指出：信息安全是国家重要战略。将互联网信息安全上升到了国家战略高度。由此可见，网络安全得到了政府的重视。

在线支付是实现电子商务在线交易的重要工具，也保证电子商务交易环节畅通及供求双方的利益。而第三方支付平台因其服务功能的完善越来越受到人们的信赖，大量的网上交易通过第三方支付平台完成。

SNS的互动性、即时性和便捷性，很好地满足了网民信息共享的需求，因为网民在网上购物之前，很希望了解其他网站对这个商品的评价，因此很需要一个能真实了解产品实际情况的信息平台，只有消费者面对其他消费者评价时，才会产生信赖感。

7. 移动电商时代强势来袭

随着3G时代的到来，移动终端和互联网的融合成为一种必然，移动电子商务已经成为各大网络运营商竞逐的领域。对消费者来说，在未来消费的入口将更加多元化。

有数据显示，在中国激活的智能手机和平板电脑数量正在大幅度上升。随着智能终端数量的快速增长，智能手机及平板电脑在中国的大量普及，极大地降低了互联网信息的获取门槛，越来越多的用户开始将更多的时间花费在移动互联网上。

而且，移动互联网正从娱乐主导向消费和电子商务转移。同时，微信的强势崛起，三个行业巨头（百度、腾讯、阿里巴巴）纷纷加入移动互联网入口的布局，移动支付技术的日益成熟，各平台移动端的下单数据的直线飙升，这些无不在预示着移动互联网催生了一个庞大的流量入口，PC端电商企业在移动端将面临着一次全新的洗牌。

8. 电子商务法律法规不断完善

电子商务经过一个时期的快速发展，各种有关法律法规的问题也渐渐暴露出来。例如，电子合同的法律效力、网上支付各当事人之间的法律关系、电子身份认证的法律地位、物流配送的物权归属、网上消费者权益保护、税收征管、知识产权保护、电子商店的法律责任等，都制约了电子商务的健康发展。

对此，相关政府部门认为，法律环境的每一个细节与措施都左右着电子商务的前程。所以，及时制定一系列与电子商务相关的法律法规，创造完善的电子商务法律环境，已经成为迫切的需求。

电商的思考：行业大佬如何看待电子商务的发展趋势？

马云：我们很幸运，能够适逢互联网这个时代，一起见证并参与互联网及电子商务给我们的社会带来的一次次惊喜和改变。电子商务绝对不是一种生意模式，它是一种生活方式的变革。以后的格局，只会比我们想象得更加可怕，因为它摧毁的不是一种商业模式，而是一种旧的思考，它是一种社会的进步，所以不可逆转。

刘强东：京东还面临着“巨人”——淘宝。淘宝现在做得比我们好，但是京东最不缺的就是超越，京东人最不怕的就是行业巨头，其实我们每天都在挑战，我们在进行自我挑战、不断刷新自己的纪录，我们的成长过程就是超越一个又一个竞争对手。

马化腾：在电子商务领域的发展过程中，从业务到继续发展，必须依靠整个行业、产业，更多的同行一起做大。今后电子商务必然会成为最大的互联网收入。但是前面必须有几年、十几年的发展成长时间，需要有足够的耐心。

第 2 章

活色生香的电商生态

电子商务不是万能药，一个企业是否去做电子商务跟电子商务没有关系，而跟你会不会做生意有关系。电子商务在某种程度来讲，是一种新型的思考：怎样创造独特的价值给客户，怎样降低成本？怎么样服务好客户的同时，自己有钱赚？电子商务是把你的触角伸出去，如果你觉得订单可做，那就做；不可做就不做。

——马云

2.1 御泥坊的前世今生

做电商的公司有很多，但是每个公司的背景都不一样。放眼互联网，其中形形色色的网店数不胜数，品类繁杂。那么这些网店到底是什么类型的呢？它们属于什么品牌呢？一般来说，虽然这些网店看起来五花八门，让人眼花缭乱，其实大多可以归结为以下三种。

1．网货品牌：以商品作为品牌

网货品牌是指以网络为销售中心，利用网络而打造成的一个品牌。网货品牌是从互联网上建立起来的品牌。这一类的品牌有很多，它们的特点就是利用互联网的营销手段，打造出自己的品牌，成为网货品牌。

图 2-1

很多网货品牌是反向收购厂家，然后在产品上贴上自己的牌子。有一个著名的网货品牌叫御泥坊，它是卖女性化妆品的。御泥坊本来是一个 C 店，它是这样发展起来的：在湖南长沙，流传着这么一个传说：慈禧太后当年出访湖南长沙，半路上突然感觉炎热口渴，没办法，于是找了一个水塘，洗了把脸，喝了口水。她洗完脸之后顿时觉得皮肤清爽，似乎年轻了很多，后来很多女子都到这个水塘边洗脸，使自己变得更年轻美丽。有人根据这个故事，把这里的泥巴做成化妆品来卖，后来御泥坊的老板听说了这件事情，就把这个产品包装后拿到网上来卖，并且产品卖得很火，于是干脆就把这家厂家收购了。这就是网货品牌御泥坊的来历。

网上有很多这样的网货品牌，网货的存在和流行，为中国制造提供了更好的机遇和平台。在现代社会中，人们便捷快速的生活离不开网货。很多产品从厂家出来，直接接触消费者，让利给消费者，这样一来，就更进一步促进了网货品牌的发展。在未来，网货品牌的发展将是一种趋势。

网货品牌随着网货种类的不断增加而增加，如果想做出好的网货品牌，一定要有好的商品质量。质量是发展网货品牌的基础。但是如果想让自己的网货品牌脱颖而出，就必须要展现出自己的优势以及特色，这样才能在网货如云的电商里独占鳌头。

2．网店品牌：采购别人的货来卖

图 2-2

在淘宝或者京东上，有很多网店，它们不是以商品为品牌，而是把店铺直接作为品牌，比如淘宝上的居家家就是著名的家居类网店。如果想买家居类的商品，就可以去居家家，因为那里的价格比较低，服务也不错，而且商品种类很全。买收纳盒可以去居家家，而不用管这个收纳盒本身的品牌是什么，因为居家家就是以这个店铺的定位为中心的品牌。

居家家卖的货都是从别人那里采购过来的，但是它已经形成自己的品牌了。居家家的家居类商品价格比较低，配送比较快，服务比较及时，商品的种类也比较多，因此很多人买居家类的商品都去居家家。居家家就是网店类品牌的代表。

网店品牌其实就是在淘宝中干起来的杂货铺，他们的出路就是店中店，一个店卖很多种商品。这类店铺如今仍然在淘宝里存在着。他们相当于渠道商，但是他们成功的根源是因为他们有自己的商品，有自己的品牌，他们代理别人的东西，其实是拿别人的东西分配流量，说白了，他们代理你的东西，就是让你将价格降到底，吸引流量进来，来买自己的东西，他们靠这些赚钱。

3．传统品牌：线上线下一体化

很多的传统零售企业都面临着很大的挑战，他们觉得没有出口，甚至想要关店。其实线下零售业也并非没有出路，因为网络的体验性和服务性是有限的。在网上所售的商品中就那么几类特殊的商品适合在网上大行其道，剩下的商品都不太可能在网上大行其道，所以传统零售企业需要在线下改变零售业务的模式。

那么线下零售要怎么转型呢？原来的线下零售是以零售为中心，以卖货为中心，这一点和网络无法比。在线上卖货一定比线下强，因为网络流量获取反应的敏捷度和交易的简单性，远远超出线下，所以企业把线下仍然作为交易或者零售中心的话，就无法走得更远，但是如果融入服务，就不同了。比如一个卖化妆品的店，线下的实体店可以开展美甲服务，把本地化的皮肤护理、美妆用品、美甲用品，一起来出售，形成一个实体业务。

总的说来，线下零售正面临一场变革，线上销售的重点在交易，线下销售的重点在服务，这是未来的方向。

电商课堂：网货的概念是什么？它有什么特点？

网货，其实就是以网络零售平台为主营销渠道的时尚流行商品。网货首先是商品，由于受价值规律和供求关系的影响，网货具备以下几个特点。

第一，价格便宜，与线下货品来源相同，因为网络渠道节约了成本，价格往往更为低廉。同样的两件商品，网货往往比在线下购买更便宜一些，而且新兴网货品牌的性价比远远高于传统品牌。

第二，网货物品丰富。因为在互联网上不受货架限制，所以网货品牌比任何一家商场中的商品都更加丰富，也可以按消费者的需求定制产品。

2.2 京东之路：由 3C 到综合

近年来，我国的电商们凭借着在品类上的优势，以及在物流和售后服务体验上的逐步完善，推动了电商市场的交易规模不断增长，这其中，平台们功不可没 。

电商平台可分为综合类平台、自营类平台和垂直类平台这三类。简单地说，综合性平台就是在线上搭建一个商城，吸引商家入驻，以向商家收取年费、广告费、佣金等实现赢利；自营类平台即自身通过低价购买商品，然后以高价在线出售，以赚取差价赢利；而垂直类平台即某一细分领域的品牌企业自建网站销售自身品牌产品。

具体来看，淘宝是综合类电商平台；京东、亚马逊、1 号店等采用的是自营 + 平台的模式，对于能够拿到授权或代理权、经销权的品牌，通过自营模式来销售，而拿不到授权的品牌，则开放给第三方商家，由这些商家在平台销售产品，再从成交额中抽取一定比例的佣金。

1．综合类平台——人人都可以加入

综合类的平台非常多，比如淘宝、当当、京东、1 号店等。综合类平台就是好多商家都可以入驻，不同品类的商品都可以在上面销售，商家自主完成经营，而不是平台完成经营。

这几年来，垂直 B2C 转型做综合类平台的企业越来越多，例如主营 3C 产品的京东、以卖书起家的当当网等。它们之所以进入综合发展之路，目的就是想通过对自身经营的产品的不断丰富，来争夺更多的客户，进而提升自己的竞争力。它们试图通过建立一个成熟的综合平台，满足用户的各种需求。

综合类平台由于有强大的系统支持，可以给商家提供从数据分析，到店铺管理、客流引入、营销管理等强大的支持。综合类平台的各种营销展示端口及各种营销活动为商家提供了展示窗口，给予商家从宣传推广到曝光率的支持。但是这些支持是需要商家不断地付费，并根据平台的规则来运营的，从而使商家的灵活性和公平竞争性大大降低。

综合类平台有比较清晰的责任与义务认定，所以商家与消费者之家的责任划分比较清楚，避免了一些在经营中出现的纠纷。

2．自营类平台——没有自有商品，直接为消费者供货

京东、苏宁易购等作为自营类平台的代表，其实质是零售业态，赚取的是进销差价。因为没有自有商品，却直接面对消费者供货，所以毛利率很低。而且还需要在物流方面投入大量的资金，所以这类平台在短期内很难赢利，只能寄望靠雄厚的资本实力挤走竞争对手。

京东本身的自营频道就是自营品，它的 3C 类目全是自营的，现在母婴类目、主流化妆品也被其收过去自营了。目前，京东在自营电商市场占有率高达 50%以上，是中国最大的自营电商平台，而且优势在不断扩大。

自营类平台不同于其他电商平台，它不易受到开放类平台产品来源不一、产品质量良莠不齐等问题的困扰。自营类电商平台通过量身制定符合自我品牌诉求的采购标准，来引入、管理和销售各类品牌的商品，将平台本身打造成为极具价值的品牌。

自营类平台为保证消费者对交易关键环节的满意，会制定系统的产品准入标准和品牌引进原则，提高产品的进驻门槛，以此来规范电子商务卖方市场的诚信经营和产品质量问题。

自营类平台在最近几年发展迅速，在商品的引入、分类、展示、交易、物流配送、售后保障等整个交易流程的各个重点环节都有很系统的管理，这使得自营类平台逐步发展成拥有完善的生态系统的独立个体。

3. 垂直类平台——超级细分市场

所谓垂直类平台，就是指平台定位明确，经营的商品专注于一个领域，只做一个专业类别，这样便于集中精力于某一个领域，把这方面的业务做精并做大做强。

当网购用户群基数足够庞大、用户需求足够细分的时候，便催生了许多能满足相对应的细分领域的垂直类平台。垂直类平台的优势在于专业和细分，能够提供更加符合特定人群的商品，满足某一领域用户的特定习惯，因此它们能够更容易取得用户的信任，从而加深用户对产品的印象和口碑传播，形成品牌以及独特的品牌价值。比如聚美优品、乐蜂网是专门卖化妆品的网站、中粮我买网是专门经营中粮旗下食品的网站。小米手机也属于垂直类的电商网站，其只经营小米手机和小米电视。

垂直类平台要细分类目，分得越细越好，例如一款手机，就一个价位，一个档次，要超级细分类目，只有这样才能做到控制供应链，控制住货源，控制住商品，控制住供销系统，控制住供应链环节，只有控制住了这些，品牌才会不被平台所剿杀。

案例：小米手机到底是什么类型的公司？

2010 年 4 月 6 日，小米科技在银谷大厦低调成立，其创始人雷军以全新的姿态杀入了手机行业，在行业内诺基亚、摩托罗拉、苹果、三星等一批世界级的公司面前，以及 HTC、华为、中兴等一批想方设法巩固自己在手机江湖地位的诸侯的竞争环境下，雷军以超出常人的方式，自封了一个品牌公司和一个文化公司。小米手机问世仅一年，销量便突破 352 万部，占据了 1% 的国内智能手机市场，小米科技甚至获得 50 亿元的估值。

主观上来看，小米公司的文化及品牌颇具智慧与服务的特征，其实质上非常虚，商业领域内任何企业都在建立、经营自己的品牌及文化，这样的做法实际上是混淆视听，雷军的公司从本质上来讲并不是所谓的品牌及文化公司，而是经营电子商务的企业。

在电子商务这片蓝海中，雷军宣称自己的公司是品牌公司及文化公司。以如此的新战略手段来实现品牌创新发展，他所做的就是利用互联网和电子商务来开展手机的垂直类目的高性价比、小众群体的电子商务营销。这就是雷军的公司。

小米公司介入电子商务产业有 7 个特点。

(1) 控制产业链

控制产业链是垂直类电商经营的一个王道。企业做垂直类目产品领域需要控制产业链，与生产商建立排他性的合作关系，在该产业中形成统治地位，如此一来，电商平台商将别无选择，被动与企业建立合作关系，获取货源。所以只有控制了产业链才能够维持好垂直频道的正常经营和发展。

（2）做细分的产品类目

垂直企业要想控制产业链势必要做好产品细分类目。在电子商务行业中经营垂直类产品的企业，为了能更好地满足及适应市场的需要，并成功经营此类目产品，势必要做好产品的细分类目。小米公司为了实现企业在互联网中具有与之对应的话语权及与平台商之间沟通协作的权力，要求京东、淘宝等平台商去营销小米公司的产品，从而实现企业良性、持久的发展。

（3）SNS“粉丝”是核心

SNS，全称 Social Networking Services，即社会性网络服务，专指帮助人们建立社会性网络的互联网应用服务。通过积累“粉丝”，形成购物群体，组建“粉丝”社会关系来实现产品营销，这种看似烦琐儿戏的行为对于企业而言是不可或缺的。放眼望去，在电子商务领域内做得好的企业都是淘品牌，它们都有自己的“粉丝团”，而且花大量的时间在它们的 SNS 建设上。当然雷军也不例外。

（4）专心做好产品和服务

所有电子商务公司在产业供应链中的竞争，进行到最后的环节皆是基于企业品牌的产品质量和服务的竞争。这也是必然的趋势。因此雷军为巩固竞争优势，将大部分精力投入在此，包括在产品质量及服务中投入大量资金。

（5）轻营销，以口碑营销为核心

真正的电子商务的营销方式是轻营销，以口碑营销为主。电子商务营销不像传统媒体企业大规模地投入广告即可快速产生效应，电子商务是以微博、SNS 渠道、线上的操作等来开展营销的。真正的大规模广告投入将越来越少。

很多公司从一开始从事电子商务时，就在地面媒体投放广告，这是一个很大的误区，我们可以清晰地看到雷军经营的是一家什么样的公司，它是一家轻营销，以口碑式营销为主题的电子商务公司。

(6) 衍生品产生业绩

一些电商企业以垂直类目产品进入电商领域，依据其衍生产品获利，因此它们在经营过程中大量地发展衍生品。以销售茶叶的企业为例，它们会以茶点心、茶具等垂直类目作为衍生产品进行销售，甚至大量垄断与茶叶相关的任何衍生品及供应链，实质上茶叶并不一定是该垂直企业最赢利的部分，在茶叶销售过程中企业的衍生品便给予企业带来很大的吸引力，这也是垂直类电商在经营过程中赢利的模式点。不难发现，雷军也是如此。

(7) 预售电商

现如今电商企业都在开展预售业务，预售也可以理解为饥饿营销，因此预售也成为电商企业经营中一种重要的商业模式，目前行业内一些知名的电商企业，比如天使之城就在执行预售业务。所谓预售，是指在产品还没正式进入市场前进行的销售行为。对于一些设计、发明类的产品，可以通过预售来了解该种产品是否有市场，特别是针对一些只能通过批量化生产的产品而言，通过预售达到一定销量后才可以投入生产，从而有效规避生产中存在的风险。这也是一种规避批量化生产中造成浪费，以及进行市场调研的很好的方法。

通过以上的特点分析，可以看出企业经营垂直类产品的特征和一些关键环节。

因此，细分类目的垂直电商要搞好，需要有以下几点特性。

第一，垂直电商必须做细分类，不可以做大类。要超级细分类目，越细越好，从而抓住一类人群。

第二，必须控制供应链，要垄断性控制供应链，即这个商品只能从你这里拿，从别人那里拿了不行，否则你的商品一卖爆，就被平台拿走了，所以必须控制你的供应链系统。

第三，必须要利用粉丝经济，不能只依赖购物环节，必须使用预售的方式来开展，或者尽量采用预售的方式。

4．平台导购——帮你去找平台

现在有那么多的平台，到底哪个平台才适合自己？平台导购就是帮你去寻找合适的平台。比如返利网就是平台导购。返利网的优势在于它的积分化过程，去返利网买一次东西就有积分，所以消费者下次买东西还是想通过返利网，从而返利网就激活了这个市场。

图 2-3

一淘是阿里巴巴做的一个网站，原来叫一搜，后来改名为一淘。一淘和返利网是竞争对手，一淘大概有 20% 的流量来自淘宝，但是一淘是淘宝自家的品牌，要购物去淘宝，要购物去天猫，现在淘宝又加了一句：要购物去一淘，从而把自己的流量分成三份。所以一淘必须要搞返利，必须要搞积分，必须要搞面向用户的基层中心才可以。

5. 黄页类平台——B2B 的沦落

电商平台分为好多类，第一类是黄页类平台，比如敦煌网、马可波罗、阿里巴巴等。通常情况下，人们去黄页类平台是去找资讯的。现在所有的 B2B 平台全部是黄页类平台，它们就是把信息搜集过去然后再卖信息，但是 B2B 下一步的发展是完成实物转型。这些黄页类平台在今天纷纷进军移动端。在移动端，它们加上了支付，从而让黄页类平台很快就产生了生生不息的力量，很多股指一下多了好多倍，这就是黄页类平台。

有人问，B2B 到底在哪里？其实，今天的 B2B 和 B2C 已经没有区别了，个人去淘宝、京东购物，企业也去淘宝、京东购物，因此，B2B 和 B2C 几乎没有什么区别了。现在所谓的 B2B，其实已经沦落为黄页类平台了。

电商课堂：自营类平台电商和综合类平台电商各有什么优劣势？

综合类平台电商有很多优势，如赢利稳定、抗风险能力强，而且能够快速扩充品类等。因此，近年来各自营电商平台为突破瓶颈，纷纷转型，加速拉拢商家入驻其开放平台。像京东、聚美优品、亚马逊、1号店等都是从自营逐步扩充起来的第三方综合类开放平台。

但是，综合类平台电商存在一个致命的缺陷，那就是对于第三方商户的产品质量难以把控。虽然目前各大综合类平台都会对第三方商户进行资质审查，但是这些措施无法从根本上杜绝假货和次品货。而一旦出现假货，则对整个平台甚至品牌的负面影响是无法估量的。

和综合类平台相比，自营类平台能够全程把控商品来源、供应和物流，实现了商品的垂直化供应，这就为商品的质量提供了保证。当然，自营模式毛利水平低、赢利难以保证，整体上仍属于微利的商业模式。其实，综合类平台电商与自营类电商各有利弊，综合类平台电商不会因此就会被取代。

2.3 美丽说逆袭变主角

近年来，很多人不知不觉有了这样的习惯：当看到别人在微博或者微信上讨论某些热门商品时，自己也被感染，开始对这个东西感兴趣，然后就会去搜索并购买。也就是说，越来越多的人是靠着别人的推荐来消费的，而不再受广告的影响。

这其实就是社会化媒体对人们购物习惯的影响，在这个消费入口越来越碎片化、消费者的需求越来越精准的时代，社会化媒体成为一种重要的渠道，在此之上发展的社会化营销就成了获得新顾客、留住老顾客的重要手段。

那么什么是社会化营销呢？电商的社会化营销是指借助社交网站、SNS、微博、社交媒介、网络媒介的传播途径，通过社交互动来帮助商品完成销售。电商在不断的发展中，突破了传统的商业模式，而近几年微博、微信的出现，更是推动了电商社会化营销的快速发展。

1. 导购类 SNS 美丽说

导购类网站就是电商的社会化营销的一种形式，它自己不做交易，只是把购买的流量导到其他网站。也就是说，导购类的 SNS 自己没有商品，没品牌，也不做交易，它们就是引导消费，把一群喜欢购物的人聚在一起聊天，探讨商品的好坏，这是社会化营销的一种形式。

导购类 SNS 自己不卖商品，它们是在向商户推送流量。导购类 SNS 主要有说美丽说和蘑菇街，女孩子去美丽说买东西，可以和别的女生聊天，分享一些购物体验，可以在里面找到女性的购物乐趣，不像综合性平台那么复杂。

随着电子商务的发展和演变，移动电商时代到来了，美丽说和蘑菇街已经不再是单纯的导购了，而是变成了品类杀手，它们已经和平台形成了正面竞争。当淘宝声称要向时尚业进军的时候，首先停止了美丽说的淘宝客，停止了蘑菇街的淘宝客。蘑菇街、美丽说原来是为淘宝引流的，是让大家来淘宝买东西，其卖的是淘宝的东西，卖完了结算的利润给蘑菇街、美丽说。现在淘宝不想这么做了，停止了和美丽说、蘑菇街的合作。在这种情况下，美丽说没有坐以待毙，而是迅速研发出来了一套复杂的系统，即把一个导购网站变成了一个平台。

导购网站虽然历经波折，但还是在重创之后又重新爬起来了，并且提升了自身的能量。虽然在过去很长一段时间内，导购网站在电商中都不是主角，而是以龙套的角色在生存。以美丽说、蘑菇街为首的导购网站时不时地需要看主人公淘宝的脸色，甚至淘宝调整一条很小的规则，就能影响它们的生死存亡。

但是，虽然在这种恶劣的环境下生存，“龙套们”还是顽强地活了下来，这其中最主要的原因是淘宝过于庞大，很难在各个方面都做到尽如人意，这就给美丽说、蘑菇街留下了生存的机会。比如淘宝拥有数量庞大的 SKU，这就需要有人能够帮顾客挑选商品，而不是让顾客在浩繁如海洋一样的商品中晕头转向。

因此，美丽说、蘑菇街们抓住了用户导购这一刚性需求，逐步开拓自己的生存空间，并且最终成功转型，使得自己的道路越走越宽。

图 2-4

美丽说、蘑菇街虽然转型做自营平台，但依旧采取的是做“导购模式”的平台。从美丽说、蘑菇街现在的页面可以看到，美丽说现如今仍旧通过做各种专题来推荐商品，而蘑菇街也进一步加强对用户晒单的引导，两者都并未因其自身的转型，而在用户体验上发生大的改变。

2. 团购成了本地生活

团购的出现，在一定程度上改变了电子商务竞争的格局，团购并不是一种新型的商业模式，它实际上是 B2C 模式的个性化发展。它是让一批消费者联合起来，加大与商家的谈判能力，以求得最优价格的一种购物方式。

团购也是社会化营销的一种，团购分为聚合团购和自营团购，聚合团购就是可以在聚合团购类网站看到所有的团购平台。聚合类团购网站自己不做团购，而做团购导航。什么是自营团购？比如大众点评就在开展自营团购。

目前，团购已经转型成了本地生活，而且它们也在被新生代的网站所颠覆。曾经靠团购起家的窝窝、美团等平台都已经不再是团购网站，以往团购的“低价、多人成团”等特性都已经消失了。这并不是说团购消失了，而是转型成了另外一种形式。

这两年很多人都有这样一种感觉：团购网站的产品比以前更贵了，这其实是一种行业健康发展的表现，如果团购网站还是像批发市场一样，那么说明这个行业并没有发展，而现在团购已经转型发展成了本地生活服务平台。

3. 微营销

现在有很多属于微营销的公司，其实在微博时代就有微营销了。但是今天的微营销除了搞微博，还搞微信，还搞互动等。

在当今移动电商发展迅猛的形势下，各大企业纷纷借微博、微信等平台发力微营销。相对传统电商而言，微营销的客户定位更加精准。相比传统电商，微营销的营销成本更低廉，因为现在在互联网上投放广告费用高昂，这对很多电商企业来讲都是一个不小的负担。但微营销却避免了这个问题。不管是微博还是微信，其运营成本都很低廉，性价比很高，为企业降低了广告费用的支出。

此外，微营销的营销方式更加多元化，相比传统广告的死板僵硬，微营销在宣传自己的同时，还能和消费者进行互动。不管是微博还是微信，用户都极为庞大，如果抓住他们，则机会就来了。建立一个账号，就可以发布信息并和他们进行交流沟通，不管是产品信息，还是服务信息都可以利用这个平台发送出来，而且粉丝很快就能看到，如果他们有什么看法，还会及时给出回应。这种先进性和方便性，是传统电商无法比的。

社会化媒体对消费者来说，是一个获悉产品信息、了解产品品牌、购买与点评产品的渠道。电商企业应用社会化媒体进行品牌营销推广，会拉近与消费者的距离。因此，电子商务在与社会化营销融合后，变得更像是一个让消费者认知品牌、与消费者营销互动和效果评估的平台了。随着社会化媒体的发展，如何更好地利用其特性进行营销，是每个电商企业需要思考的问题。

电商课堂：电商企业进行社会化营销，如何获得新顾客、留住老顾客？

1．真正了解客户关注的东西。

随着电商的发展，对传统零售业的冲击力加大，商家更关注自己产品的更新优化。他们自认为自己的产品是符合消费者需求的，但是事实上，消费者真正关注的内容，电商们并不一定真的了解。而所谓的社会化营销，就是要贴近社会，贴近消费者，微信和微博虽然可以让卖家和消费者更方便地沟通，但是还需要电商企业进一步了解买家的真正需求。

2．和消费者真正形成互动。

电商社会化营销的成功不是和消费者之间的交易成功，而是和消费者真正互动起来，成功留住他们，形成二次交易以及口碑传播，这样才能真正做好了社会化营销。

3．利用好社会化营销平台。

电商社会化的平台有很多，不是只有微信和微博，还有淘宝的后院、微淘、爱淘、来往等，这些平台的作用更是不容小觑。

2.4 第三方：专为他人做嫁衣

在电子商务领域，有一类公司属于第三方服务公司，也叫第三方服务商。所谓第三方服务商，就是传统企业要想做电子商务，通过平台面向消费者，但是要通过服务商来解决运营、管理等一些入口问题。这类不直接销售，也不直接面向消费者的第三方公司，叫第三方服务商。第三方服务商分为很多种。

1. 代运营公司

代运营公司就是帮助电商企业开展运营业务的公司。电商企业自己不用运营，而是把商品交给代运营公司，由这类公司帮着去淘宝开店，开完店帮着运营。代运营公司自己没有品牌，它只是帮电商企业把公司运营起来。代运营公司的作用是在传统企业刚进入电商，还不太了解电商的时候，帮助传统企业把电商做起来。

在电子商务发展初期，聘用代运营公司的成本比企业组建团队要低。以天猫运营团队为例，运营一家天猫店初期最少需要 1 名店长和 6 名员工，工资成本至少要 4 万 ~5 万元，而且整个团队的磨合大约需要 3 个月，再加上中间的推广成本，将近要用到 20 万元。而代运营公司的普遍收费要比这要低，而且其整体团队非常成熟，很快就可以上手，还能给企业提供各种有针对性的建议。它们熟悉各种活动的流程，工作效率很高，节约了时间成本和金钱成本。

当然，代运营行业也存在着很多问题，其中无法兑现签约时的承诺、习惯做甩手掌柜的行为，深深地损害了电商企业的利益。此外，用过低的价格提高销量、折损品牌，借参加促销活动骗取补贴等行为也是代运营行业存在的恶习，这也是很多电商企业不愿意选择代运营公司的原因之一。因此，如果要选择代运营公司，则一定要睁大眼睛，找口碑好的代运营公司合作。

2. 广告营销类公司

广告营销类公司，也属于第三方服务商。电商企业可以从淘宝上投广告，买直通车、财报显示。淘宝网目前是全网最大的广告主。

广告营销类公司根据广告的性质来定向地投放广告给合适的人群，这类第三方服务公司就是广告营销类公司。

3. 广告联盟类公司

广告联盟类公司具有代表性的就是 Mediav，它除在淘宝卖广告外，还把百度、搜狐、网易等几乎所有的广告全部买回来，然后再卖给电商企业。这种商业模式其实和淘宝是一样的，它们是竞争对手，只不过淘宝卖了一部分广告还留下了一部分。

但是 Mediav 不是这样的，Mediav 提供的就一项服务，比如有消费者刚生了孩子，去浏览了生孩子的网站，它就会把这个信息记录下来，传回到服务器上，经过分析后，Mediav 给这个用户发送的广告都是跟生孩子有关的。Mediav 会很精细地划分所有人群，再投入广告。如果电商企业去全网投广告，直接找百度投，可能效果不是很好，而 Mediav 会按效果，最精确地投放广告。

4. 信息化服务公司

信息化服务公司提供了丰富多样的软件系统来帮助电商企业完善和提高内部管理效率，建立标准化的企业管理流程，提高在各个平台上的交易质量和降低成本。信息化服务公司有很多，最专业的就是 E 店宝。

传统企业管理和运营离不开信息化，电商这个依托于互联网存在的行业，其管理更加离不开信息化。E 店宝能够为电商企业的运营流程进行系统的梳理和咨询，并提供全面的信息化软件产品及技术支持服务。电商企业可以通过 E 店宝直接管理网络的多个销售渠道。E 店宝带有“线上线下一体化”及“跨平台”的概念，避免孤立地营销，如图 2-6 所示。

圣特尔·E店宝®

图 2-5

此外，E 店宝强调分销和零售一体化，电商渠道相当于零售业务，线下渠道相当于分销业务，让企业随时随地地了解全国各个分销商（门店）的库存与销售状况，而分销商也可了解总店的库存情况。

E 店宝专注于专业的后台管理体系，为客户提供打通后台的 ERP 解决方案，包括仓储、进销存、客户管理、员工管理、财务管理、生产供应链管理等，连通电子商务后端所有平台，形成统一后台系统。

E 店宝的移动端产品主要集中在办公管理方面，电商管理者可以通过手机随时查看其库存、仓储、流程管理等诸多方面的运营状况。

E 店宝帮助传统企业的所有平台的后端联系在一起，也就是说，如果企业在淘宝、京东、当当、拍拍等所有平台上都开店了，可以把这些订单的接口全部接到 E 店宝中。订单会自动进入 E 店宝，而且它提供了连接其他服务商的接口，甚至仓储。如果企业想租用仓储，只要使用 E 店宝，就可以不用租仓库，它为企业提供仓储服务，以及模特拍照、数据分析、培训咨询等服务，这就是 E 店宝的功能。E 店宝是数据的中心，可以帮助企业打点整个信息化的数据建设。

目前，E 店宝处于高速发展的阶段，包括宝洁、红豆、娃哈哈等在内的诸多知名传统品牌和电商品牌均在使用 E 店宝。

5. 第三方支付公司

电子商务与传统交易方式最大的区别就在于不受空间的限制，把交易地点从地面搬到了互联网上，买卖双方不用见面。这样就导致买方怕付了钱收不到货；卖方怕发了货收不到钱。买卖双方，谁也不肯先付钱或先发货。

在这种情况下，第三方支付平台应运而生。第三方支付平台本质上是一种资金托管代付，它成功地解决了资金的安全流转，使得买卖双方安全、放心地进行网上交易。

随着电子商务的发展，人们在网上购物越来越频繁。这时候就要求电子商务交易更加安全可靠，支付模式更加便捷、有效。小规模交易可以使用网上银行、支付宝、财付通等，这些支付类的公司现在已经开始向金融行业发展了，它们原来是虚拟的公司，现在开始实体化；原来它们是通过银行把货币质押的方式把货币变成真实货币，现在它们开始申请银行牌照，开展金融业务了。

除此之外，支付宝还有信用卡业务。所有网民的购物信用卡可以直接反向植人，网购不再用钱了，使用淘宝的信用卡就可以购物了，可见支付宝的功能已经非常强大了。

第三方支付平台的应用有效地避免了交易过程中的退换货、诚信等方面的风险，为商家开展电子商务服务提供了完整的技术支持。第三方支付平台已经成为开展电子商务，增加传统企业竞争力的新趋势。即使在今天的电子商务生态体系内，信用系统如此完善和发达，如果没有第三方支付平台，人们在网上购物就不能这么轻松和便捷。

6. 快递物流公司

随着电子商务的发展，快递物流业也得到了快速发展。顺丰和EMS，正在开展电子商务的业务渠道。E店宝率先和顺丰、韵达、全峰及EMS取得相互之间的战略合作，E店宝只需要在包裹上打印一个条形码，直接交给顺丰、EMS拿走就可以了，连面单都不需要。顺丰的系统和E店宝的系统是无缝连接的，顺丰的配货员一扫条形码，就直接连到E店宝的系统中，告诉他这个货送给谁，这就是今天的快递物流业。

7. 仓储业

传统的仓储业，重点在于储存而不是流通，其首要的任务是确保货物的安全保存。而在电子商务领域，一般采用通过式仓储，其本质是分拣中心配合临时仓储，其核心是考察货物的流转效果与效率。

仓储业现在也逐渐发展起来了，比如在华南地区，在以前仓储是其一个发展瓶颈，现在这里有很多的仓储公司，只需要跟他们说帮忙建一个仓就解决问题了。可以把主仓放在华南地区，在北京和杭州建一个分仓，把货选一部分放在分仓中，这样就直接可以配送了。

当然E店宝在这个工程中的作用非常大，E店宝和他们的系统也是无缝连接的，很多公司都在使用 E 店宝系统。你在这边配送的时候，他们在仓里面就会收到 E 店宝的订单，然后当地的配送公司就直接将货送出去了，这就是系统的作用。

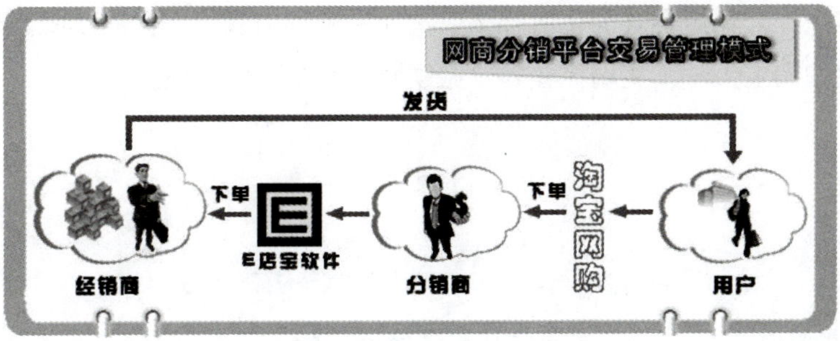

图 2-6

全国有各种各样的仓储体系，可以实现本地化的物流配送。虽然这种第三方仓储公司也非常多，但是在目前看来效果还不是特别好，因为仓储的建设成本并不高，很多企业选择自己建仓，这样还可以将仓储抵押给银行，去银行申请贷款，所以第三方仓储业发展还需要时间。

一般来说，如果一家传统企业开始发展电子商务后，每天的出货量不到 500 笔订单，就没必要自建仓储。如果每天的发货量超过 500 笔订单，最好还是自建仓储。虽然目前市场上的外包供应商费用不高，但服务水平相应也不高。

8．数据分析

数据分析是对你的所有的商业额度的分析。数据就是经营，企业怎么销售，完全要看数据，如果不懂数据，将无法开展电子商务。这样的数据分析公司有很多，每一家都有自己的特点。它们可以对企业所有的交易历史进行综合性的分析，甚至可以对每一次活动进行分析，告诉企业这个活动哪里做得不好了，下一次活动如何改进，帮企业做出分析报告。

9．资讯和培训

电商资讯类的网站及培训机构有很多，其中有 E 店宝学院、艾瑞网、网商动力等。这一类公司做得好的也有很多，例如网商动力及清华博商学院。当然还有一些，比如淘宝大学、艾瑞等在其专业领域内也有不俗表现。

电商课堂：电子商务生态系统是什么样的？

随着电子商务的不断发展，其核心企业逐渐吸引了一批配套的企业、银行、软件公司、物流公司等，使得电子商务呈现出繁荣的生态化特征。目前，中国电子商务市场的生态化特征和趋势日益突出，一个充满生机的电子商务生态系统正在形成。

电子商务生态系统的成员之间实现了信息共享、协同进化。其主体由生产者、传递者、消费者、分解者等构成，是生态系统中其他主体的服务对象。而生态系统中信息的传递和分解最终目的都是为了末端的消费。

除主体外，电子商务生态系统还包括影响主体的各种环境，如社会环境、法律环境、信用环境，信息技术、信息资源等。当系统中的每个部分都处于良好的协调状态时，整个生态系统才处于平衡状态，才能使系统中的每个组成部分实现良性健康的发展。

2.5 移动端给服务业带来新机会

电商生态如今在传统企业这一块有服务业电商和零售业电商之分。实际上这是移动电商带来的新机会。移动电商让服务业有机会能开展电子商务。举一个例子，像河狸家、神州租车、驴妈妈、阿姨来了，他们都提供了大量的上门服务，如功夫熊提供上门的按摩服务；瓜瓜洗车提供了上门的洗车服务，等等。

这些都是因为有了移动端，有了位置的应用，它能够让很多人定位到当前的位置，从而享受到贴身的服务。

1. 社交平台

2015 年的社交平台发展得很迅速，不像以前只有一个微信。如今陌生人社交、熟人社交、媒体社交、匿名社交，构成了 4 个不同的社交领域。比如在陌生人社交里面基于兴趣的陌生人的交流，也构成了社群的一种类型。所以在移动端，认识的人，不认识的人，都有成为朋友的可能性，而且大家基于熟人、兴趣、地理位置开始了各种各样的交际活动。当然电子商务也会在这种社交圈子里爆发和产生，社交平台会和各类电商密切结合到一起，这就是社交平台的意义。

2. 平台商

2015年，移动电商平台有了新的发展。移动电商平台是干什么的呢？其就是原来基于移动端的一些小的移动店铺，现在被汇集成了一个个的基于移动电商的平台。例如拍拍、口袋购物、天天微逛等，都属于移动端的电商平台，它们在移动端帮助很多卖家带来流量，相当于移动端的淘宝。

3. 跨境电商

2015年的跨境电商发展得很迅速，因为跨境电商在宏观经济政策下，得到了推动，它是国家政策的一个产物。当然跨境电商除有了很多平台外，像淘宝在跨境电商方面也做了很多的动作，当然主要的根源也是商家在交易过程中确实需要跨境电商这种商业模式。阿里巴巴在海外上市之后，很多的海外企业对中国的商品产生了兴趣，同时我国也主动地对假货、仿货进行了打击，因为全球经济一体化了。而我国也有一些相关的政策鼓励正品的进口，这就推动了跨境电商业务的大规模的发展。

4. 媒体电商平台

所有的媒体实际上都是流量中心，无论是移动端还是PC端。媒体开展电商业务也是一个很热的热点，像网易、今日头条、爱奇艺，它们都纷纷在开展自己的电子商务交易体系。

5. 连锁自营的平台

另外，还有连锁自营的平台。我们可以看到，像中粮在线、苏宁易购，它们都属于传统的实体连锁业。实体连锁业被大的平台，像京东、淘宝等在革命，如果它们不“触网”，就意味着将会失去生命力。因为实体连锁业就是一个中间商，而现在商家都直接和消费者联系了，通过平台直接对接到消费者。淘宝本身就是一个连锁的中心，而现在的实体连锁业慢慢地被革命了，所以它们一定要开展电子商务，这就是连锁自营平台大量“触网”的原因。其实它们是被动的，并没有主动革命的意愿。在未来，连锁自营平台可能还必须和其他的平台进行整合，这样才会产生生命力，否则就是革自己的命了。

6. 垂直平台

垂直平台分为品类细分和用户细分。品类细分是只卖一个品类，比如只卖茶叶或者只卖酒；而用户细分是基于一个细分人群的。品类细分是抓住一类消费者的喜好，但是实际上人的喜好是经常变化的。比如今天我想买茶叶，我就装一个卖茶叶的 APP；明天我又想买运动用品，我就再装一个卖运动用品的 APP。这样我们的 APP 会越来越多，所以当今在垂直平台里进行用户细分会非常不错。

7. 服务业的电商化

服务业的电商化也产生了很多的平台，像滴滴打车、e 代驾、e 代洗。这些平台在做大的时候，也颠覆了很多传统服务业中的一些公司，把它们进行平台化，然后以做数据为中心。今天在移动端，服务业的电商平台在不断地产生，并且颠覆着传统的服务连锁业。

8. 自媒体平台

现在自媒体都在开展电子商务了，比如我的公众号——如来。我在公众号上面也会帮助很多商家开展商务活动。当然还有逻辑思维、嘉措活佛等，他们都在自媒体平台做出了一些成绩。

9. 服务商

服务商在 2015 年有一些新的变化，第一个变化就是代运营。我们可以看到，有一些移动端的代运营已经产生了。之所以产生移动端的代运营，就是因为大家不知道在移动端怎么玩的。

10. 跨境电商的服务平台

另外，跨境电商的服务平台伴随着跨境电商的成长也产生了，它们主要是帮助企业做跨境结算业务。

电商课堂：移动电商的真正价值是什么？

目前，随着移动端的迅速发展，所有的行业都在信息化。而移动互联网的需求跟线下的生活服务业结合在一起，将产生一个几万亿元的大市场。移动互联网对生活服务业的改造速度和程度，会超过互联网对零售行业的改造。

因此，在未来，移动电商的主力将会在生活服务类产品而非实物产品。比如在京东的PC端，用户购买的几乎都是电子产品、数码配件、服装、食品等实物；而在移动端，话费充值、电子凭证、电影演出等生活服务类消费占据了很高的比例。

因此，移动电商真正的价值在于撬动生活服务业，使大量生活服务企业进入移动互联网，实现电子商务的再一次革命。

第 3 章

传统企业“触电”之后

零售的不同品类业态，只有在一个领域，在全国零售份额市场里面领先，其规模才具备竞争优势。

——当当网总裁　李国庆

3.1 早做有肉吃，不做被逼死

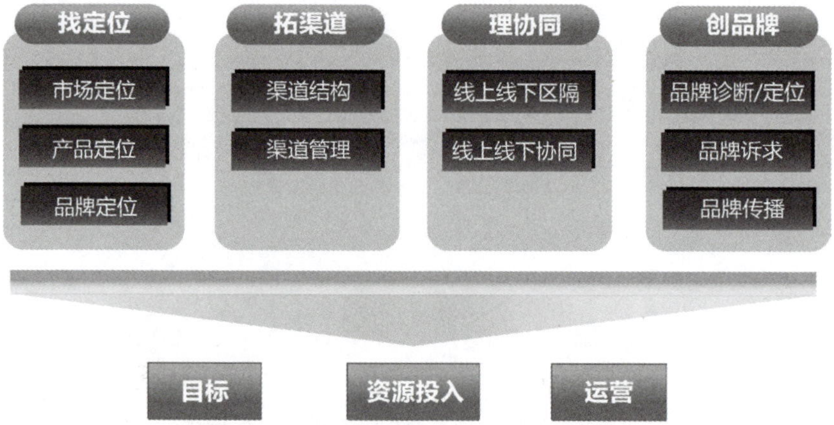

图 3-1

近年来，我国电子商务进入大规模发展和运营阶段，新模式、新平台层出不穷。淘宝、卓越亚马逊、当当、京东、聚美优品、1号店……这一连串的名字，越来越频繁地出现在我们的生活里。层出不穷的促销活动，店庆、节庆活动，令人眼花缭乱。统计数据显示，2013年淘宝、天猫在举行“双十一”促销活动这一天的销售额就高达几百亿元。这个触目惊心的数字，让传统零售企业感到惊慌，他们再也坐不住了，因为他们明白，电商正在逐渐蚕食着原本属于他们的市场，抢夺着原本属于他们的利润。在电子商务大潮的冲击下，传统企业的毛利急剧下降，许多传统零售门店相继关店。

与传统商家相继关店形成鲜明对比的则是电子商务企业的蓬勃发展。电子商务正在改变着中国的传统商业版图，电子商务的发展，令人羡慕又令人心惊，传统企业产生了时不待我的焦灼感，电子商务也已经成为其一个无法去除的心结。大量电商企业的异军突起，让传统企业坐立不安，对还徘徊在电子商务门外的传统企业而言，他们有渠道、有门店，不做电商，难道就甘心充当电商们的体验店？

于是，面对如此前所未有的窘境，一些传统零售企业开始行动，迈出了走向电子商务领域的步伐，抢占网上零售市场，以期最大程度拯救实体企业。

为什么传统企业必须要做电子商务？降低成本、减少库存、缩短周期、增加商机、减少环节、拓宽渠道，这些都构成了传统企业做电子商务的必要性，如图 3-2 所示。其实说到底，如果你不做电子商务，你的竞争对手和类似的产品就会在网上继续瓜分你的市场，所以传统企业必须要开展电子商务。

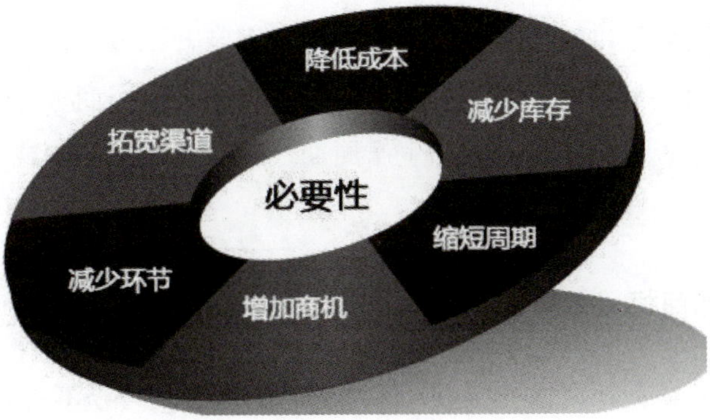

图 3-2

1．降低成本

传统企业开展电子商务，会降低交易成本，这主要有两方面的原因。一方面，网络广告取代传统广告，为企业节省大量的广告费用。另一方面，电子商务的开展减少了中间渠道商，实现了直销，从而降低了销售成本。而且卖方与买方无须当面交易，从顾客选购商品到资金支付等一系列过程都在网络上进行，整个交易完全虚拟化，节省了很多成本。

2．减少库存

传统企业实行电子商务的供应链管理，通过构筑与前端客户及后端供应商的互动系统，对企业的销售量能进行比较准确的预测，进而真正实现企业的 JIT（Just intime）生产方式，保证产品供应的通畅、合理、高效，从而既满足产品供应，又不会有大量的库存，最终为企业减少库存。

3．缩短周期

产品的生产周期是指制造产品所需的总时间。制造任何一种产品都与某些固定的开销相关，这些固定的开销不随产量的变化而变化，但是跟时间有关。固定开销包括设备折旧费、一些公用设施和建筑物费用，以及监督和管理费用。如果产品的生产周期可以缩短，那么每件产品的固定开销就可以降低。在过去传统企业经营中几周甚至几个月才能完成的环节，现在在电子商务环境下几天就可以完成了，大大缩短了产品的研发和生产周期，从而可以以同等或者较低的费用生产更多的产品。

4．增加商机

电子商务具有开放性的特点，使企业的交易活动可以不受时间、地域的限制，从而为企业创造了更多的商机。电子商务为企业提供了虚拟的全球化贸易环境，大大提高了商务活动的范围，企业可以轻易地把产品和服务推向市场，实现跨区域、跨国界经营。

5. 减少环节

传统企业利用信息化建设从事电子商务业务，网络就成了企业生产、经营各环节的主要媒介和实施场所，从原料的采购，产品的设计、制造到产品的宣传、营销和运输，各个环节实现网络一体化，从而大大提高了企业的运营效率。

6. 拓宽渠道

电子商务市场已经渐渐成熟，现在进入电子商务领域，能够帮助传统企业拓宽销售渠道。

电商课堂：为什么说电子商务带来渠道扁平化？

现在有哪些企业正在进入电子商务领域？生产商、品牌商、渠道商、零售商都开始进入电子商务领域。而实际上他们都直接面向用户，电商渠道扁平化已经让这个市场感到了压力。

电子商务天然就是渠道扁平化，渠道扁平化意味着低成本。渠道扁平化是以企业的利润最大化为目标，主要的表现形式是厂商和零售商直接交易。中间渠道越多，因为每个渠道中的企业都想从中得利，加上各种运营成本，落到消费者手里的产品的价格就会越高，因此渠道扁平化之后产品就会有价格优势。

同时，企业进入电子商务领域能和市场、客户更接近，这样消费者究竟需要什么，对产品有什么评价和反应，都能很快地反馈给企业，企业才能够明白消费者对市场、产品的态度，也能更好地感受需求的变化和竞争的变化。

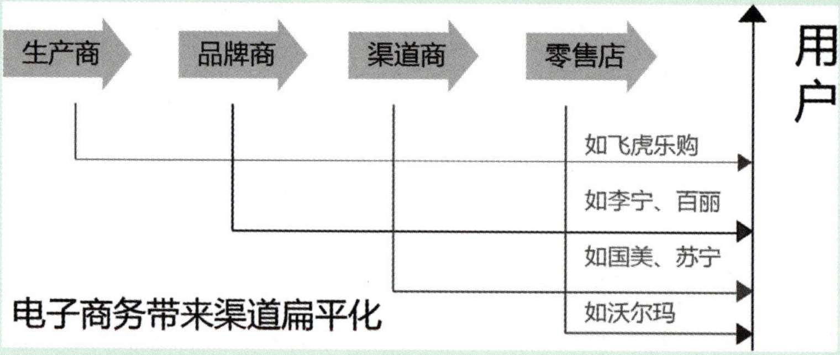

图 3-3

3.2 以前的套路失灵了

很多人在谈到传统企业开展电子商务的时候，总是建议要赶快行动，加大投入，先不要着急挣钱等。其实对很多传统企业来说，与其盲目地进入电子商务领域，倒不如先考虑好了再说。

传统企业不像一开始就从电子商务起家的线上企业，在很短的时间内就爆发起来。传统企业一般是靠几代人的努力，多年辛苦积攒起来一定的财富和生产规模，所以他们不能也不敢贸然投入。他们要考虑很多事情，企业不是他们一个人的企业，其背后有股东、管理层、员工、分销商、合作伙伴等，大家都在看着他们。因此，他们不能轻易进入电子商务。因为一旦失败，他们要承担的责任更多，付出的代价更大。这是传统企业的真实困境，不是他们意识不到电子商务的重要性，而是他们的背后隐藏着太多的风险。

一般来说，传统企业越成功，对供应链的合作伙伴的关系就越为重视，他们会尽一切努力保障原有体系的稳定性，不会轻易地破坏它。在长期的经营过程中，他们已经与供应商、代理商、运输商等建立了良好的伙伴关系。因此，在进入电子商务领域之前，他们必须首先考虑到原有体系的平衡与稳定性。随着线下市场被线上挤压而不断缩水，他们不得不进入电子商务领域，其实他们更多的是一种无奈之举，面对陌生的电子商务，传统企业面前有以下几大困境难以冲破。

1. 思维习惯守旧

电子商务的运营方式与传统企业的运营方式有着本质的区别。例如，电子商务注重客户数据的积累，新销售渠道的开发，同时更注重网络营销和客户体验。而传统企业的管理者并不太了解这些理念，更谈不上在企业运营过程中运用这些新的经营理念管理和运营企业、服务客户。但是，要想进入电子商务，传统企业必须改变旧的思维惯性，充分认识到传统业务与电子商务模式在信息技术、客户服务、物流管理方面的差别。

案例：年轻的携程网是如何成功的？

相比其他传统行业，旅行社进入电子商务领域的时间比较早。1999年，中国青年旅行社启动了中青旅在线网站，中国国际旅行总社启动了华夏旅游网，他们花了许多精力，投入了很多资金、人力，但结果他们都输给了携程网。

是什么原因导致他们失败了？究其原因，还是因为经营管理的问题，他们都是传统的企业，传统的经营模式在他们的脑海里已经根深蒂固，他们已经习惯了线下那套经营模式，并且把它原封不动地搬到网络上来，例如“网上旅游超市”其实就是把线下的旅游集散中心模式搬到了网上，其经营模式并没有任何改变。

而相对于这些拥有丰富资源和经验的传统旅游企业，年轻的携程和艺龙却成功了。为什么？原因恰恰是因为这些新生的互联网企业没有经验！他们只是按照消费者的需求设计网站，把传统旅行社的组团、线路模式打散为机票、酒店或者是自由行。他们没有走传统旅行社的路子，拿线路当产品，而是把线路中的各个因素独立开来，形成一个个的标准化产品，迎合了现代人的旅游口味，既时尚又贴合消费者的需求，因此大受欢迎。这也是他们在电子商务环境下成功的原因。

而传统旅行社进入电子商务领域后铩羽而归，其中重要的一个原因就是，他们不肯放弃他们已经习惯了多年的所谓运营经验，一切都沿着固有的老路子走，因此失败也就在所难免了。

2. 专业人才缺乏

传统企业进军电子商务领域，需要有更新及时的产品数据库、客户数据库、产品检索手段，以及强大的后台销售服务支持系统。对传统企业来说，实施这样的系统非常困难，因为他们没有储备这样的人才，他们认为不需要这样的人才，即使曾经有过这样的人才，也许因为环境不适合他们的发展而流失了。

传统企业开展电子商务，没有专业的团队，他们一般是把原有的销售团队整编到电子商务部门，但他们却不知道除了传统的销售团队，他们还需要电子商务专业营销团队、技术团队、物流团队，以及运营团队。事实上，随着电子商务行业的发展，是否具备专业团队已经成为进军电子商务领域成功与否的关键因素。

3. 对电子商务认识不够

传统企业不缺核心竞争力，真正缺的是对电子商务的理解和认识，他们将电子商务仅仅看作是在互联网上销售产品而已。因此仅把它当成一个新的销售渠道或者是消化库存的通道，这样的经营战略与那些把电子商务当作自己命脉的企业相竞争，从一开始就输在了起跑线上。

很多传统企业还把电子商务当作一个可有可无的分支，或几个人临时搭建起来一个小部门，对企业的电子商务运营没有提供必要的组织保障。事实上，企业首先要认识并且理解电子商务线上业务的模式、规模、影响力，并从电商渠道、品牌、产品、服务、人才等方面综合考虑公司未来在电子商务领域的发展道路，这样才可能把电子商务真正做起来。

4．企业内部各部门缺乏协作

有些规模比较大的传统企业拥有很多部门，新成立的电子商务部门与这些部门之间的协作就成为一个大问题。每个部门各自为政，都有自己的利益，当整个企业的政策、人力、财力需要向电子商务倾斜时，必然会引起其他部门的不满，当部门之间存在利益冲突的时候，就会成为企业发展的一个障碍，尤其是在电子商务刚开始发展的时候。

很多大企业做电子商务失败的原因就是企业中很多其他部门对电子商务部门的干扰与阻碍。因此，要想电子商务顺利发展，就要让企业的每个部门都意识到，对电子商务的支持并不仅仅是在支持一个新业务，而是他们的岗位职责。

5．急功近利的心态

很多企业在第一年创业的过程中都没能赢利，而电子商务作为公司的二次创业一开始就希望其赢利也是不现实的。有些传统企业做电子商务，做好了战略规划后，马上就投入上千万元的资金欲打造品牌 B2C 网站，为了能让网站快速上线，他们大肆投放广告，结果网站还没有上线，上千万元的资金已经“烧”掉了几百万元，仅仅依靠线下营收支撑，线上没有任何赢利能力。

传统企业普遍存在这种急功近利的心态，想少投入，高回报，并且赚一笔就撤，这样的心态是最不可取的，也是导致失败的关键之处。

电商课堂：传统企业电商运营成功的关键是什么？

随着电子商务的发展，越来越多的传统企业开始进入电子商务。传统企业做电商，犹如突然进入一个全新的领域，没经验，没人才，举步维艰。如何在陌生的电商领域中取得成功，成为传统企业普遍面临的新问题。其实，电子商务成功的关键在于运营，而成功的企业网络运营必须把控以下几点。

第一，选择与公司发展匹配的销售平台。电子商务渠道发展到今天，已有天猫、京东、当当等众多销售平台。选择合适的平台，直接决定了企业电商未来发展的成败。平台的选择要充分考虑企业目前的品牌状况、产品结构、消费人群、利润空间等。综合评估开展线上业务对线下业务产生的影响，企业在未来3～5年对电子商务的定位和可执行的投入预算等。

建议中小型企业首先从淘宝、当当、京东等平台开设自己的销售型店铺，迅速培养自己的电商理念和人才储备。对于大型综合型的企业，必须考虑要形成自身的电子商品产业链，从品牌传播、企业架构、产品结构的规划、物流和仓储集群的形成等多方面布局。

第二，充分发挥品牌的作用。传统企业进入电子商务运营过程中，必须考虑品牌在互联网中传播的特性。越来越多的消费者不是只看价格，而是开始综合考虑品牌因素。企业在品牌VI的设计、产品包装的设计、宣传方式的选择等方面要有充分的考虑。

第三，综合线上、线下经营的特点，选出核心产品。任何销售方式都应该以优秀的产品为核心，让网民通过购买产品喜欢上品牌，记住品牌。传统企业线下所经营的产品线在互联网上并不一定合适。同时还要充分考虑线上销售对线下销售的影响，因此，对于电子商务所销售的产品线组合一定要重新定位，要从产品外观、价格、利润率、包装等方面综合考虑。

第四，提升用户的个性化服务和体验。优质的服务和体验是电商企业成功的关键，在目前产品同质化严重的情况下，对客户提供优质的服务和体验就显得尤为重要。做好每一个细节，才能留住客户。

3.3 放下包袱，接受挑战

传统企业发展电子商务，不可避免地要经受挑战。明确经营发展策略，融合商务与技术，平衡线上、线下业务，组建什么样的团队，都是传统企业要面临的挑战，如图 3-4 所示。

图 3-4

1．明确经营发展策略

传统企业进入电子商务领域，首先要明确经营发展策略。相比一些从互联网上发展起来的纯电商企业，传统企业大都有着雄厚的资金基础，但是却缺乏好的经营策略。很多传统企业进入电子商务领域，就想让自己的电子商务网站包罗万象，实现一切可以实现的功能，但事实往往适得其反。所以，传统企业进入电子商务，一定要先明确经营发展策略。

经营策略的规划基于明确任务，而电子商务活动的经营任务就是有效地利用新的资源，发展和增强企业整体的获取收益的能力。

2．平衡线上、线下业务

很多走上电子商务之路的传统企业都有这样的顾虑，就是如何平衡线下、线上的品牌冲突和渠道利益。那些原以为有钱、有产品又有传统渠道支撑，能够很容易做好电子商务的企业，在上线后很快便发现，一切都和想象中的不一样，实体店里虽然顾客盈门，但是大多数顾客只试不买。不少顾客试穿衣服后会记下衣服的型号，然后到网上购买，实体店基本上变成了顾客的“试衣间”。这样的尴尬体现了线上、线下渠道之间的冲突：对消费者的争夺，线上、线下的价格冲突，使得线上渠道在吸引消费者的同时，也对传统渠道造成了挤压。

一些传统零售商发展电子商务，虽然认识到了电子商务是未来的主流，但线下仍然承担了大部分的销售额，难以将优质资源大规模地投到线上，而线上业务又冲击着线下业务，线上、线下彼此对等、分立、竞争，形成了左右手互搏的局面，未能产生整合优势。

为了解决这种尴尬局面，一种新型的线上与线下相结合的购物模式——O2O模式出现了，即在网店订购，然后到网下实体店体验消费，实体店作为体验店。这种模式适合一些需要顾客亲身体验才好做出购买决定的商品，如衣服、鞋帽等。电子商务的 O2O 模式将线下商务的机会与线上有机地结合在一起，既能让消费者更便捷、更实惠地购物，又可以为商家更好地找到目标客户群，提高访问量和销售量。

O2O 模式促成网店与实体店形成一个互相联系的互补关系，线上与线下互动，进而充分发挥传统零售商开网店的优势。这种模式不仅能让商品看得见、摸得着，顾客购买后出现问题还可以直接到店里退换，而且还能提供很多增值服务，如会员服务、俱乐部制度等与消费者进行互动。

因此，企业要明确线上和线下的功能定位，使二者互相配合，确立线上的主体地位，给予资源支持，对线下实体店进行转型，为消费者提供免费、优质的体验服务，加强其为线上销售服务的功能，增强优化消费者的体验，促成线上成交。

这种消费者可以在线上选定商品，在实体店体验后下单购买，也可以在实体店实现自提、退 / 换货、售后服务相关功能的模式，给客户带来更多的便利，同时也提供了个性化、多元化的增值服务。

3. 融合商务与技术

电子商务是利用简单、快捷、低成本的电子通信方式，让买卖双方不谋面地进行各种商务活动。电子商务可以通过多种电子方式来完成。但是，现在人们所探讨的电子商务主要是以电子数据交换和互联网来完成的。尤其是随着互联网技术的日益成熟，电子商务真正的发展将是建立在互联网技术之上。

但是，技术不是目的，而是为商务目的服务的，只有通过商务诉求，才能体现技术的价值，才能帮助企业实现商务目的。技术并不是越新越高级就越好，网页是否采用动态技术、网站是否使用数据库技术，应该根据企业的规模、业务量、发展目标等诸多因素来确定，所以，网站建设不能为了实现非必需的技术而牺牲网页的下载速度，也不能不顾企业信息化水平和企业现有电子商务人员的素质而盲目追求高新技术。总而言之，要做到技术和商务相融合。

4. 组建高效的团队

与线下市场相比，电子商务所面对的市场形态、销售模式、客户，以及服务方式均有所不同。因此，完整的电子商务团队需要配备运营管理、营销推广、活动策划、美工编辑、技术支持、客服等岗位，这些职能与传统企业现有的岗位又完全不同，因此，这不仅仅是新增加一个部门那么简单。

要组建一个既懂线下品牌营销，又懂线上品牌营销的电商团队，基本上是不太可能的。寻找专门的电子商务人才也是一个让人头疼的问题，传统人才不懂网上人群的属性与广告投放的方式，而电子商务人才对网上人群的属性和互动方式虽然了解，却缺乏对产品的认识。传统企业做电子商务失败的原因大多是因为用传统的方式做了电子商务，所以，电子商务人才是稀缺资源，既懂传统经营又懂电子商务的双重人才更是稀缺中的稀缺。

因此，线下传统品牌很容易走上两个极端：要么就直接用不懂电子商务模式的线下团队，结果自然是失败；要么就请一些所谓的电子商务方面的高级管理专家，结果由于其不了解线下的传统模式，也会败下阵来。

人才匮乏几乎是大多数电子商务公司面临的难题，电商人才不同于传统销售人才，其需要具备专业的网络知识、市场运营经验，还要懂技术，有综合能力。找高端的电商人才难，组建优秀的电商团队更难。团队里既需要有成功经验的电商人才，又离不开线下传统的商品运营人才，他们要在不断的优势资源整合中、对不同模式产生的冲突中，相互理解，相互学习。

因此，在电子商务开展初期，组建电商团队开销太大，也摸不清路线，很容易把钱“烧”光，而且决策人容易陷入迷茫。最好的方式是先将电商团队外包，等到有一些起色了，再组建团队，将技术难点外包，慢慢地总体把控，让企业在稳健中成长，不急不躁，花最少的钱，办最稳妥的事情。

电商课堂：传统企业应该如何应对电子商务的冲击？

第一，积极应对，尽快布局电商市场

面对各种挑战，传统企业是做电子商务还是不做？如果你不做，对手会做，生产类似产品的企业会做。做，可能有风险，不做，风险更大，也许几年之后面临的就是灭亡。

因此，可以说，如果不做电商，就没有未来，不做电商将会失去市场和话语权；未来电子商务将变成所有企业的基础设施，将使未介入者失去竞争力；互联网不仅仅是销售渠道，也是服务和沟通渠道，线下渠道也需要全方位包括互联网的服务体验，未介入者将失去大批用户。基于对各种理由的考虑，传统企业一定要积极布局电子商务市场。

第二，取长补短，充分发挥自己的优势

对传统企业来说，必须认清自己的优势，是物流仓储，还是品牌？哪些是自己的优势，一定要弄清楚。传统企业进军电子商务市场，要在充分学习和提升电商运营能力的同时，将核心优势发挥至极致。

3.4 新市场，新业务，新渠道

传统企业进入电子商务领域前，要有完善的战略思考。对企业来说，电子商务是不是一个新的市场，是不是新的销售渠道，是不是新的业务，一定要弄清楚这些问题。可能一开始企业只是把它当成一个新的渠道，然后慢慢又变成了新的市场，最后可能企业要把商品全部区分开来销售，建立一个新的业务模型，如图 3-5 所示。但是不能把这 3 个问题等同起来，一定要有一个中心，是把它当成新的市场，还是把它当成新的业务或者新的渠道，实际上是不一样的。

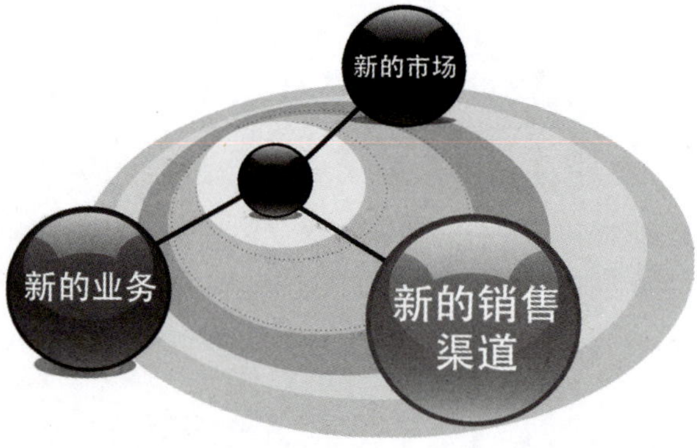

图 3-5

1. 是线下渠道的延伸还是新的渠道

有些传统企业只是把电子商务当作原有销售渠道的一种补充，例如为了覆盖没有实体店的三四线城市，或者仅仅是为了不让自己落伍。这些企业的线上业务也由线下团队负责运营，这就导致了在线上、线下两种不同商业模式产生冲突时，企业可能采取回避的态度，从而使得电子商务形同虚设。这就导致了一个很奇怪的现象出现，天猫上有很多知名线下品牌的官方旗舰店，其业绩竟然做不过地方经销商的专营店。

实际上，抱着延伸业务态度做电子商务的企业，成功的可能性基本很小。要想把电子商务做好，电商部门应该由独立的公司或独立的事业部运作，必要时还能与线下分享其商业资源，权责统一、目标明确，这样团队才有向前的动力，在发展过程中他们才能卸掉线下实体店的包袱，轻装上阵，按照电子商务的行业规律去运行。

但是，传统品牌对于电子商务往往认知不高，大多是将其作为线下渠道的延伸，一个新的销货渠道。其实，电子商务面对的是一种不同的人群，网购人群虽然会对品牌有一定的感知，但他们其实更年轻、更时尚、更注重线上购物的体验，同时因为互联网的特性让比较和选择相关的商品更加方便，这就要求传统品牌对网购人群进行全新定位，重新构建运营模式和服务模式。

2. 是做差异化商品还是做线下商品

一些传统企业在线下有自己的品牌，在转战电子商务领域的过程中，第一步可以将线下产品转移到线上销售，并且保持线上、线下的销售价格统一。企业的线下品牌的影响力和用户资本，会促进线上产品的销售，这样就会有一个很有利的开端。

但是，等到电子商务发展到一定的阶段，线上、线下的模式冲突还是会显示出来，这是由于线上、线下的营销方式和营销成本不同而导致的。在统一产品售价的前提下，线上销售的净利率会高出许多，进而阻碍了电子商务的规模化发展。

因此，要实现线上、线下的均衡发展，避免发生恶性价格战，可以适时地引入差异化产品线来平衡冲突。在电子商务的开创初期，可以直接用线下的产品在线上销售，主要以过季存量产品的打折清货销售方式为主，让消费者享受优惠，吸引人气。

等到电子商务业务发展一段时间之后，到了电子商务发展的萌芽期，可以兼用初期产品，同时为线上开发少量的特供款产品，让网购消费者进行体验，提高用户对产品的体验和新鲜感，渐渐脱离价格战。到了电子商务的发展期，就要差异化经营，统一定价，注重产品品牌认知度和品牌文化。

3. 传统品牌该何时切入电子商务

传统企业发展电子商务是一个大的趋势，但是还有很大一部分的传统企业处于想进入电子商务领域却又不知道怎么才能转型的尴尬局面，他们不知道该何时进入电子商务领域。

在竞争激烈的电子商务领域，选择进入时机是非常关键的，电子商务启动得越早，则成本和风险就越低，先发优势也越明显。2007 年网上鞋城好乐买创建了，在其创办之初，当每天的交易量达到四五十笔时，就很难再往上涨，但后来有了淘宝商城，好乐买被纳入其中，由此得以分享淘宝的巨大流量，每天的交易量很快涨到两三百笔。后来，好乐买累计获得三轮融资。虽然有后来者在各方面做得都不比好乐买差，却只因进入时间稍晚一两年就只能望尘莫及了。

一个高速发展的行业，进入的时间越早，竞争对手越少，启动的成本和危害性也越低。电子商务行业的总营业份额以非常大的跨度在逐年增长，行业的竞争性、激烈性让后来者进入的门槛越来越高；进入的时间越晚，不仅竞争更加激烈，成本和风险也更高。

电商课堂：如何做到线上与线下产品的差异化？

目前有很多传统企业的思路还是以线下渠道为主，把线上渠道仅仅作为线下渠道的补充，这样就难免与渠道商的利益产生冲突。如果线上只销售特定类别的产品，与线下渠道就有了差异化，同时，也对线下渠道进行了有效补充，从而扩大企业的销售份额。

至于如何实现差异化，可以采取多种方式：比如把线下的库存拿到线上来卖，减轻企业的库存压力。线上可以卖适合网络的低价产品，同时和线下渠道的专卖店的形象与价格又不冲突。当往年经典款式的产品在线下渠道已经卖断货时，把这些经典款式的产品进行追单，只在线上销售，这样不仅不会对线下渠道造成冲突，还会提高企业的总销售份额；或者在线上提供网络特供款产品，只在线上独家销售，这样也能从根源上避免渠道间产生的利益冲突。

但线上对线下的补充毕竟只是暂时采取的策略，线上和线下渠道的融合才是未来的发展趋势。如何把线上销售与数量众多的实体店整合起来，是企业迟早必须面对的问题。对于二者的融合，建议线上、线下的产品统一价格。但线上和线下的促销策略可以更灵活，比如在线上购买可以包邮、赠送相关小饰品等。这样就不存在渠道冲突的问题，而消费者的覆盖面也更广了，网上平台和实体店各有特点，互为补充。

3.5 成也大促，败也大促

关于品牌的概念，很多人的看法都不一样。有人说品牌就是销量，其实不是的，品牌根本就不是销量。销量是客户对这个商品的接受程度，而品牌是有一定价值的东西，品牌的背后是故事、服务、产品的品质。品牌就是客户和商品之间产生的价值共振，价值包含了金钱、文化、故事、服务、品质等，这才是品牌，如图 3-6 所示。

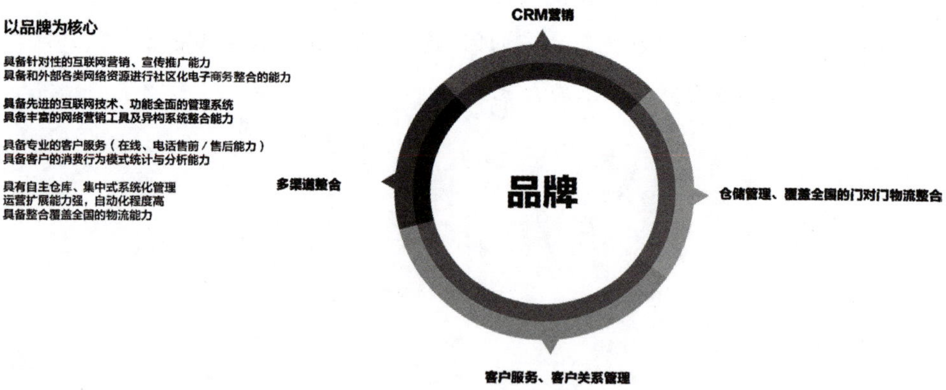

图 3-6

传统的老品牌如果仅仅把电子商务平台当作渠道，认为只要线下品牌有知名度自然可以吸引线上的消费者，就大错特错了。线下的销售渠道是因商圈和地理位置而产生的，因此品牌的转换成本相对较高，但是在电子商务平台中，品牌的转换成本很低，几次点击和几分钟的浏览，就可以实现成本的转换。

因此，那些线下看起来很强的品牌，不见得在线上也能做得很好。在互联网上，买家和卖家不需要面对面，所以消费者更可能会选择那些个性特点鲜明的产品和品牌，这也就是近几年很多网络原生品牌产生的原因，因为那些品牌更年轻、更时尚、更具活力、更能把握网络消费者的需求，它们正在全面占领新兴消费群体，这些品牌比那些传统品牌更加时尚和个性。从这个角度来看，传统品牌在电子商务平台上，一定要塑造比线下更加年轻和更具亲和力的形象。

品牌是企业的生命，企业一定要以品牌为核心，时时刻刻把品牌放在重要的位置。做电子商务，免不了要经常参加促销活动，但是，即使是参加促销活动，也不能以牺牲品牌为代价，不能为了提升流量而毁掉品牌，这是得不偿失的。

目前，在"双十一""双十二""6 · 18"等促销狂潮的推动下，电商们不断刷新销售数据。这些疯狂的促销活动，不仅各大电商平台悉数参与，而且参与商家的广度和力度都越来越强。现在，几乎每个月、每个季度都有不同电商平台举行不同类型的促销活动，而"双十一"只是更加登峰造极而已。降价使得电商得以迅速崛起，因为促销带来很多的新流量，因此促销过后，老客户比例会出现急剧下降的现象。

从另一方面来讲，平台商滥用促销，对整个市场的生态系统有破坏性的作用。作为常规的营销手段之一，促销的确能够在短时间让销售业绩猛增，但是促销也是一把双刃剑，而绝不是业绩成长的灵丹妙药。虽然促销可在短期内获得消费者的关注度，但促销越频繁对于客户品牌忠诚度的培养越不利。

其实，促销仅仅是吸引消费者目光的噱头，让消费者购买促销品不是目的，让消费者浏览更多非促销品，购买促销品以外的产品，或者让其转化为忠诚消费者，这才是电商促销的根本目的。然而，很多电商却被促销带来的短期销售业绩所蒙蔽，忘记了促销的根本营销价值。虽然可以在节日猛打、自己制造节日强攻，不断创造促销机会的可能，但我认为过度节日化和过度促销，不利于市场的生态系统建设。

整个市场在低利润的促销营销形式下，企业的营收在减少，产品服务的投入在降低。个性化、高品质的产品在市场过度促销的竞争环境下被严重打压，进而使企业缺少资金为消费者提供更优质的产品。最终造成整个市场生态系统的恶化，阻碍电商的长远发展。

既然促销对品牌不利，为什么还要参加促销活动？因为不参加不行，同行业的企业都参加了，促销活动过后他们的交易额翻了十倍，如果不参加，买家将在淘宝、当当、京东的搜索结果中找不到，从而就会没有交易量，交易量没有了，综合指数就下降了。当店铺的搜索排名没有了，几乎等于关店，所以必须参加促销活动，产品必须半价销售，有的甚至以三折或两折的价格销售，同时还包邮，所以促销的时候企业经常不赚钱，规划不好还可能会伤害甚至毁掉自己的品牌。

很多品牌就是被促销毁掉的，为了提升流量，天天参加聚划算促销活动。后来，消费者都不买了，为什么？他们在等着下一次聚划算促销活动。在报名参加聚划算促销活动时，假如商品成本是 20 元，商家卖 12 元还包邮，促销平台仍然认为价格太贵了，如果改成 9.9 元还包邮，就可以报名了。

还有一些不理智的企业，为了持平参加促销的成本而降低了产品的质量。结果买的人越多，流失的客户越多，反而伤害了自己的品牌。

传统企业进电子商务领域的时候，其优势是品牌。所以在进行促销的时候需要格外谨慎，要用消费者认知度比较高的产品去促销，保证产品的质量。这样才会有更多的消费者重复购买，靠消费者重复购买带来的利润可以填平促销带来的利润损失。

"双十一"（11月11日）又被称为"光棍节"，是淘宝发起的节日，是单身人士对自己的一种自嘲。在马云和天猫的推动下，这个冷门的节日成为电商价格战最重要的阵地。每当淘宝举行"双十一"活动的时候或者京东举行"6.18"活动的时候，其他的平台，比如聚美优品，交易额都会突然下滑。因为流量都被吸引走了，当淘宝、京东中的化妆品在打五折促销时，客户还会去聚美优品吗？当然不去了，因为大家都想去买价格最低的商品，去了之后就养成了在这里购物的习惯了。

消费者一般会认为，买化妆品不一定去聚美优品，还可以去淘宝，去京东。这就是促销带来的噩梦。所以说促销就是入口之争，要认清它的本质。促销虽然并不是完美的，却必须要参与。但是要记住，参加促销活动的时候，一定要先把品牌放在首位，以品牌为核心，选部分性价比高的产品参加促销活动，不能一口气吃成个胖子，在服务品质、供应链、发货品质有保障的前提下尽量扩大销量，千万不能让促销把品牌毁掉。

淘宝的大促会越来越猛烈，但是当以后每一天都是大促的时候，品牌时代就到了，真正的专卖店时代就到了。因为大促已经没有意义了，再也没有人能砍杀品牌了，当每一天都是半价促销的时候，就不存在促销了。

1．看清平台大促的本质

实际上，电子商务现在处于一种价格战的状态。这是一场血肉横飞的价格战。不光是企业之间在打价格战，平台之间也在打价格战。

实际上，大促和促销已经成了电子商务中的一种常态，我们可以用曲线图来表示，传统零售业的经营曲线图是一直平缓地上升，但是电子商务的财务报表就像心电图，心电图的波峰和波谷就是它们举行的大促和促销活动。

其实对于平台的大促，不是参与不参与的问题，而是如何参与，以及用什么心态参与的问题。不参与不行啊，就像平台要求你干一件事情，你不干，那么你就获得不了相应的收益和支持。所以无论是新电商还是老电商，无论是品牌企业还是草根企业，大促是必须要参与的。价格战可能也不得不去打，但是怎么样参与才能保护好自己呢？

说到保护，就不得不给大家分析一下所谓的大促了。大家都知道，“双十一”就是淘宝发起的光棍节。这种节日是国家不承认的节日，用于来开展电子商务活动的。现在，“双十一”成了一个全网的电商节日，但是“双十一”最大的特点是什么？所有的商品半价销售。全网的消费者都等着在这一天买东西。

我们可以想象，在“双十一”这天谁高兴，谁不高兴？“双十一”当天的交易额巨大，大到了令人瞠目结舌的地步。而在“双十一”之前一个月，很多商家几乎是没有交易额的，而到了“双十一”当天，交易额剧增。“双十一”之后一个月，商家也几乎没有交易额。所以说，将两个月的交易额集中在一天来引爆，这是好事吗？

肯定不是好事，对商家来说，在“双十一”期间，物流跟不上，仓储跟不上，商家的服务也跟不上，甚至商家的供应链生产也跟不上。消费者真的从中获益了吗？很多消费者为了“双十一”，盲目地消费，不需要的东西买了一大堆，反正半价促销，看什么都想买，透支消费，而真正需要买的东西却没有买。

所以在这个过程中我们就看到了，“双十一”对卖家来说并一定真的是好事，尤其是老卖家。老卖家有固定的客户群体，他们对“双十一”深恶痛绝。因为这对他们没什么好处，他们有很多的老客户，“双十一”一来，他们的老客户就去其他的店铺了。所以那些老客户特别多的商家在“双十一”时总是会丢失很多客户。

因此，“双十一”让很多老卖家不爽，因为“双十一”重新把流量洗牌了。但是新进入的卖家高兴了，他会发现，在“双十一”会有大量的新流量，投一点广告，业务量马上就上来了。所以我们就可以看出，在“双十一”谁喜谁忧了。但是总体上看，还是老卖家多，所以我们可以看出，在电子商务里面，“双十一”真正是谁的游戏。卖家并没有真正获益，消费者在严格意义上说，只是参加了一次购物的狂欢节，而真正获益的是平台。

类似于"双十一"这样的大促，不过是平台之间在争夺流量的入口。流量的入口是什么？是平台们要告诉所有人，我才是电商的唯一入口，我这里的价格最低，这是平台要干的事情。试想，商家的价格降低一半，平台也不会损失什么，它的佣金照样扣，所以平台不会损失什么。淘宝在"双十一"当天会流量激增，很多其他平台的老客户都会尝试着去淘宝购物了。那么淘宝就等于将全网的流量吸引过来，让全网的流量大盘点，大洗牌，此时是所有平台争抢流量的关键时刻。

2. 如何参与大促

说到这里，大家应该都明白了，大促必须要参与，但是要谨慎参与。到底如何参与，下面列出几点注意事项。

第一，不要破坏了自己的品牌。该促销的时候就要促销，该半价销售的时候就半价销售，但是不要破坏了你的主导品牌，否则你的消费者只会等着在大促的时候买你的东西，平时他就不买了。

第二，要注重维护老客户。很多企业并不去报名参加主会场活动，争取曝光量，而是努力保持老客户不流失，这也可以说他们在"双十一"取得成功了。也就是说，在"双十一"期间，要保护好老客户，甚至不用参加主会场活动，而是在你的店铺里也迎合"双十一"来开展"双十一"的促销活动。所以大促期间我们不必非得报名去参加大促的主会场活动，我们也可以自己组织一个"双十一"活动。

大促是平台的游戏，大促是平台竞争的产物，传统企业或者品牌商在参加大促的时候，要谨慎行事，但是不得不参与。因为平台就是政府，它制定规则，你不得不迎合它的玩法。

电商课堂：如何给品牌定位？

由于加入电子商务的企业越来越多，竞争也越来越激烈，因此，传统企业在进入电子商务之前，也必须对电子商务品牌做好定位。品牌定位至关重要，它关系到市场策略、销售方针、文化内涵、产品风格、产品陈列、宣传设计等一系列的问题，所以电子商务品牌的定位很重要。

传统企业拥有传统品牌，而且已经对消费者进行了品牌渗透和品牌影响，那么，传统企业向电子商务转型时品牌如何定位？是传统品牌的延伸，还是全新的品牌，或者是传统品牌的延展？

如果是传统品牌的延伸，就可以利用传统品牌的优势，甚至是利用传统品牌的线下资源来操作，如果有品牌认知度高及价格优势，那么销量肯定好，缺点是影响线下传统品牌的销售业绩，消费者无品牌新鲜感。

如果推出的是全新的企业电子商务品牌，会让消费者觉得耳目一新，缺点是品牌塑造时间长，费用高。

如果是传统品牌的延展，也可以利用传统品牌的优势，再加上时尚个性化的元素，推出新概念的品牌产品，这样既利用了原有品牌的优势，又推陈出新，推出符合时宜的时尚网络专款产品，同时不会给线下渠道带来冲击，也能提升品牌的认知度。

3.6 接受柠檬绿茶的教训

对进入电子商务的传统企业而言，其面对的首要问题也许就是怎么开展网络渠道建设。有人认为网络营销就是网络直销，建立一个自己企业所销售的产品的官方网站或者淘宝店就可以了，他们认为在互联网上，顾客在搜索引擎里查找产品名称后轻松单击一下鼠标就能找到企业的官方网站。

事实上，做电商根本没有这么简单，从传统的“大宗物流、大批发、大分销”，一下向“零售”兼“小额批发”的零售业态转变，企业的整个经营模式发生了巨大改变。企业的运营流程、人力结构都需要根据新模式而调整，因此，做电子商务，必须先进行网络渠道建设，如图 3-7 所示。

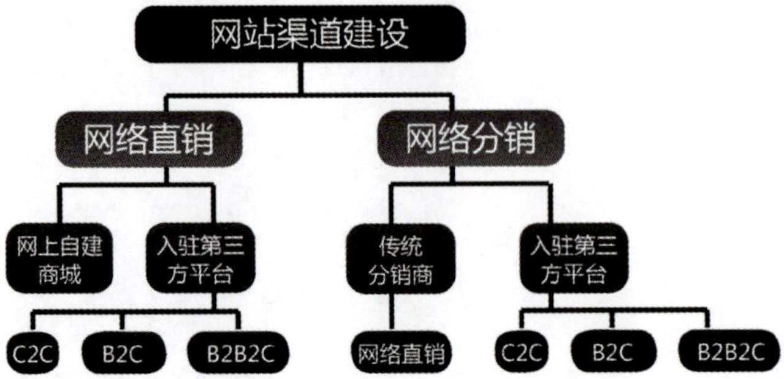

图 3-7

1．网络直销 or 网络分销

在开展电子商务之前，怎样规划网络渠道建设呢？网络渠道建设有直销和分销两种，那么到底是搞直销还是搞分销？

作为电商，可以开展网络直销，也可以开展网络分销。直销和分销的区别是：直销是通过某些平台和方法直接面对消费者；分销是借助于分销商，再通过平台或网络来面向消费者。

电子商务没有区域化，所有的消费者从一个入口可以看到所有的商品。现在全网就一个品牌，就一种商品，你开几家店卖的还是那个商品，无非是你去哪个平台推广的问题。所以说电子商务让企业的客户，商品的价格，以及商品没有了界限。如果企业还在考虑采用分销的模式，还要将大量资金投入到分销模式上，就违背了市场原则。

对电商来说，分销会损伤品牌，因为做分销，实际上自己无法掌控自己的品牌经营活动，例如要不要开展品牌营销活动？要不要投放互联网广告？投的钱最后都给分销商带来利润了吗？要不要跟分销商再次谈判？这个时候分销商会遏制你。

但是，并不是说分销一点都不能做，刚开始开展互联网营销的时候，可以选择先用分销的方式试水，但那不是主要方向，只是试水而已，试一试自己的产品在这个领域里有没有销路。通过分销能让你的商品在网上铺货，快速建立客户认知，这是分销带来的价值。

但是，传统品牌做电商，其本身在线下已经有了一定的知名度，如果大举做分销，就多此一举了。比如著名的品牌飞利浦，其本身就有很大的知名度，如果飞利浦在天猫开店，则根本不需要宣传飞利浦的产品有多好，直接宣传飞利浦在天猫开店的消息，流量就进来了。

所以企业经营的重心一定要放在主产品的营销上，否则到最后会被分销商所绑架。线上分销不同于线下分销可以用地域的方式控制分销商，在互联网上根本无法控制分销商。因此，如果把重心放在分销上，后果将是分销会遏制品牌未来的发展。

如此说来，是不是分销将会被淘汰？虽然分销一定不是企业做电子商务的目标，但也不会被淘汰。记住，不要在分销上花大力气，如果你的品牌很强，就减少在分销上的投入，如果你的品牌需要提升知名度，可以暂时借助分销来增加商品的出货量，这就是分销的作用。

2. 自建商城 or 入驻第三方平台

直销分为在网上自建商城和入驻第三方平台。那企业应该将重心放在哪里？是选择在第三方平台开店，还是选择自己建设独立的 B2C 商城，始终是一个无法回避的问题。

有些企业认为，进军电子商务领域是十分重要的战略，如果选择电子商务平台就会受控于他人，因此许多企业希望将电子商务业务掌握在自己手中，时刻牢牢地把握住它，于是就投入大量的资金来建立自己的电子商务独立商城。这样一方面可以推动业务，另一方面可以展示企业形象，可谓一举多得。但是，事实上自己建立独立的商城要面临诸多的困难和挑战。

首先，拓展电商渠道并非是建立一个简单的网站，而是需要强大的物流、服务能力支撑，最近几年，电子商务进入高速发展期，但是物流能力跟不上的矛盾已经凸显。为了解决物流问题，京东、淘宝等电商巨头在物流上投入的资金都是百亿元级别。而对传统企业而言，如果自身实力不够，很难在这方面有足够的投入。

其次，自建商城的知名度不够，在短期内很难吸引到足够多的点击率。网购的前提条件是要有足够的流量，没有流量保证，就谈不上赢利。自建独立商城，目的就是要通过电商渠道拉动业务，最终实现赢利。但独立商城要实现赢利往往需要有较长的培育期，京东、淘宝等电商做了这么多年，才有了现在的规模，传统企业自建独立商城，一般开始劲头很足，但时间稍长就熬不住了，容易半途而废。

曾经有一家鞋业公司，一开始自建电商渠道，投入了不少的资金和人力，但一年下来，通过自己公司的官方网站卖出去的产品还不如一家小代理商在淘宝店铺中买的多。他们投入了几百万元的费用，一年的营业收入不到 100 万元，他们只好放弃，准备在淘宝这个第三方平台上开一个网店。

因此，如果企业在网上自建商城，则很难有流量，好不容易花钱从百度上吸引过来的一些客户，很快就被潮流吸引走。所以很多人搞电子商务，都说太费钱，其实他们都是把钱“砸”到无底洞里去了。这就是在网上自建商城的后果，就算投入再多的广告费用，也没有流量，所以自建商城需要非常谨慎，同时自身的品牌要非常有号召力，比如像苹果和小米。

那么到底还要不要在网上自建商城？还得做！怎么办？首先要把方向要弄清楚，第一，将网站做成只是以品牌形象展示为中心的网站，它代表了企业品牌形象。第二，把网站作为 SNS 中心，一个关怀客户、与客户交流的地方，将重心放在论坛上，让老客户有一个交流的平台，让你的客户只是在这里分享、交流。第三，把网站作为知识中心，提供产品知识和产品说明的地方，而不要把它做成交易平台。这是至关重要的三点。

很多企业花了好几百万元建了独立商城，然后到处投放广告，结果投放广告的钱都打了水漂儿，因为网站的转化率根本就不行。可想而知，因为入口在淘宝，人们购物一般会去淘宝、京东，淘宝、京东上的转化率一定很高，而你通过广告培养的这些客户，很快就会被淘宝吸引走了。等到所有的客户形成了入口平台疲劳症，开始有品牌意识的时候，你的品牌再做专卖店建立独立的商城也不迟，现在不要着急，如果现在就做就是往无底洞里塞钱。

案例：柠檬绿茶的败落

柠檬绿茶，曾经是所有电子商务企业的偶像，柠檬绿茶在做大了之后，就开始做自己的独立网站了。一年之后，曾经轰轰烈烈的柠檬绿茶就消失了。为什么？因为他们自建的商城没有流量。抓不住流量，投入的钱一定会血本无归。把大量的钱投在自建商城上，就算有人在你这里消费了，也没有客户黏性。消费者不会到你的官网看的，因为在淘宝等流量入口平台，可以搜到所有的同类商品，他们可以比较，可以查看，因此柠檬绿茶投入巨大的广告成本都被浪费了。

所以，当电商有了一定的发展基础之后，不要下力气去搞独立商城，如果要做，就做社区，做共享资源中心，做知识库。比较好的做法是去收购一些咨询类网站来建立你的SNS群体；创建一些论坛，把你的产品的使用技巧贴在上面，同时建立一些知识体系，让你的客户可以分享，让那里成为客户愿意停留的地方，至于最后一步完成交易在不在这里，根本不重要。

那些自建独立商城的企业，就失败在自己不知道流量在哪里，所以最后投进去的钱全部石沉大海。好不容易建了一个每天有两百笔订单的网站，当淘宝搞促销时，你的流量瞬间就没有了，因为这些人都去淘宝了，你好不容易培养的客户也都没了，而培养这点客户你算过要付出多少代价吗？自建独立商城的目标、方向是什么？到最后都是平台！搞平台你和谁竞争？和淘宝和京东竞争吗？你怎么能竞争得过人家！所以，在网上自建商城一定不是企业重点投入的方向，甚至可以不投入。

当有一天我们的市场成熟了，互联网上的网民已经养成了购物的习惯，品牌意识逐渐提升起来，大家逐渐不再关注价格的时候，开始出现专卖店和专营店的时候，这种独立的自建商城才可能有市场，至少还要耐心等两年，但今天手机端基于社会化圈子的交易入口倒可以适当投入开展起来。

如果企业选择入驻第三方电子商务平台，选择在淘宝或者京东开店，当做到一定规模后建立自己独立的 B2C 商城，既可以增加自主性，抵抗外部的风险和不确定性，也可以加强与消费者之间的联系。尽管目前入驻淘宝的成本大大增加，但是加入平台后企业能够充分利用平台已有的人气和流量，近距离接触成熟的网购人群，在经营成本和流量获取成本上低于 B2C 自建网站。只有经营那些产品属于海量销售类型的大型品牌商，以及强调个性化的品牌商，自建电商才容易获得成功。而很多中小品牌商自建的官方网站，除有简单的产品展示功能外，根本就不具备商务功能！

电商课堂：入驻平台和自建商城各有哪些优劣势？

1. 入驻平台

(1) 入驻平台的优势

- 购物流程非常完善；
- 可信度比较高；
- 有商城模板，可快速搭建商城；
- 平台流量大，客户目的性强；
- 可以直接利用平台上现成的用户资源，帮助厂商节约了自建电子商务网站的费用和长期的推广费用。

(2) 入驻平台的劣势

- 可扩展性低，组织营销活动、客户足迹数据统计等一些个性化的功能暂时不能扩展（许多功能需要额外的费用，并且是租用制，不能一次性买断）；
- 运营受到第三方平台规则限制；
- 需要向平台交纳不菲的佣金。

2. 自建平台

(1) 自建网络商城的优势

- 可扩展性高，自由灵活，一切在自己的掌握中，想怎么扩展就怎么扩展（很多项目功能可以向软件商家一次性买断使用权，不用长期付款；有的功能可以聘请程序员自己开发，费用更低）；
- 没有第三方平台的佣金；
- 在销售服务的过程中，企业完全可以做得比平台要求的更好，只要企业是真心为客户着想，就一定能做得更好；
- 有了自己独立的 B2C 网站，就可以有足够大的空间和更大的展示页面为客户服务；
- 可以给客户提供更加个性化的服务，满足客户个性化的需求。贴合用户的使用习惯，更全面地为客户提供服务；
- 通过自建网上商城来打造一支完全属于企业自己的网络营销队伍，这对企业网上销售的长期发展是非常有益的。

(2) 自建网络商城的劣势

- 商城建立初期可信度低，推广难度大；
- 需要专业的运营团队；
- 需要购买服务器、域名、软件等基础设施；
- 需要花费的时间成本和人力成本会比较高，并且效果不明显，需要较长一段时间的积累才会出现持续一定的流量和排名。

3.7 传统企业“触电”的各种死法

从早期看不起电子商务，到纷纷寻求迈进电子商务领域的大门，传统零售商对电子商务的态度发生了180°的大转弯。但是，对传统零售商来说，这条电商之路走起来却没有那么平坦。许多传统零售业进入电子商务领域之后，遭遇了无数的困境，最后只能倒闭。下面将这些传统零售商，包含百货、超市、品牌商等不同业态，所遭遇困境的典型案例进行收集整理，以鉴后来者。

1. 美特斯邦威

(1) 事件回放

2010年，时尚服饰美特斯邦威旗下的邦购网上线，其中集合了网络购物、时尚资讯和互动社区等多个板块。当时美特斯邦威信心十足，非常乐观地宣称“时尚、快乐购物就从邦购开始！”“无论你在何地，轻点鼠标，丰富多元、快速变化的时尚款式将会让你在第一时间体验到惊喜和购物愉悦。”

美特斯邦威希望正式从传统渠道走向传统渠道与电子商务渠道结合并行的双

渠道模式，为此美特斯邦威还同时推出全新的线上品牌——AMPM。据悉，2011年1月3日，邦购网的日销售额突破了30万元，日交易量超过1000笔订单，每笔订单的平均价值超过300元。

但谁也没有意料到，在之后短短不到一年的时间，美特斯邦威发布公告称，因赢利难以保障，公司决定停止运营电子商务业务，网购平台交由控股股东打理。无论是资源配置、物流配送，还是营销运营，邦购网都无法适应业务的发展需求，特别是面对专业B2C的打压，邦购网只有招架之功，根本没有还手之力。无可奈何，邦购网只能在6000多万元白白打了水漂儿之后于2011年10月黯然收场。

（2）失败分析

美特斯邦威进军电子商务领域失败的最大原因是对遇到的困难估计不足，以及电子商务人才的缺乏。美特斯邦威在其传统门店的发展过程中，建立了强大的物流配套设施，但是线下物流与电子商务所要求的并非完全匹配，而且美特斯邦威自始至终都没有有效地解决资源配置等方面的问题。此外，在电子商务业务筹备及运营中，美特斯邦威三度更换域名，网站也没有采用支撑大规模用户涌入的技术，极大地影响了用户体验，导致了最后的惨败。

2. 永辉超市

（1）事件回放

2013年4月，以经营生鲜农产品著称的永辉超市上线自己的生鲜类电商网站“半边天”，并启用yhbbt.com域名，提供4种产品组合，包括精品膳食 (A)、精选膳食 (B)、素食养生 (A)、素食养生 (B)。从配送地区看，永辉超市在江苏、浙江、上海地区展开试点，并提供货到付款服务。但是试水不足两个月之后，2013年6月永辉超市官方网站“半边天”的标签已被撤去，网站也已经无法被访问。

(2) 失败分析

永辉超市短短不到两个月的电商之路以失败告终，这说明永辉超市没有做好足够的准备，其经营的业务超出了自身的承载能力。做生鲜产品电商目前是一个热点，对以生鲜为主业的传统超市永辉来说，其在采购和损耗控制方面具有绝对的优势，但是涉足线上经营则仍需要依靠资金、物流及运营等多方面的经验。此外，对经营生鲜产品的电商来说，除需要现有的线下成本外，还需要增加包装、配送，以及配送损失等成本，而其目前的运营效率并不及传统超市，这可能也是永辉超市电商之路失败的一个重要原因。

3. 红星美凯龙

(1) 事件回放

红星美凯龙是中国家居业比较著名的品牌。2012 年 8 月，红星美凯龙旗下的红美商城网站宣布开始公测，逐步投入运营。商城的业务主要分为三大体系：以家居、建材产品为主的在线 B2C 平台业务，以家纺、家饰及小件家居用品为主的线上闪购业务和家居用品的团购业务，分别对应页面顶端的“商城”、“抢购”、“团购”3 个入口。

不过，据报道，在上线运营的半年内，红美商城的交易额仅为 4 万元左右，但其先期投入已达 2 亿元。2013 年 1 月，红美商城被传发生人事变动，原电商负责人于 2012 年年底离职。随后，2013 年 3 月份红美商城全新改版，正式更名为星易家，由红星美凯龙体系的领导全权负责，同时把线上销量纳入线下商城的考核体系，让线下商城共同参与电商业务。而红星美凯龙之前在红美商城花费的一系列推广费用几乎全都打了水漂儿。

(2) 失败分析

红星美凯龙线上业务失败的主要原因是线上、线下没有实现很好的联动和融合，线下品牌的优势，以及供应商资源无法在线上得到很好的利用，从而对消费者的吸引力不够，这也许是红星美凯龙在短时间内发生如此重大调整的直接原因。究其根本原因，还是公司对电子商务业务认识不足，战略规划不清晰。

4. 以纯

(1) 事件回放

从2010年年底开始，以纯开始试水电子商务，两年来在天猫和京东两个销售平台取得了不错的业绩，但是线上与线下冲突的问题也一直没有得到很好的解决。2013年1月，以纯宣布暂停电子商务业务，以纯在线商城及天猫旗舰店、京东店铺停止运营，原有以纯品牌退出电子商务渠道。不过，两个月之后，以纯开始谋划推出网络专供品牌。2013年3月21日以纯的网络专供品牌A21在天猫旗舰店正式上线，其主要面向年轻人群，价格略低于线下品牌。

(2) 失败分析

线上与线下渠道的冲突，以及与经销商之间的矛盾是以纯撤出天猫和京东的最大原因。这也是每一个传统零售商在进军电子商务领域过程中都会遇到的问题，以纯之后给出的解决之道是开发网上专属品牌，对线上和线下的商品进行区隔，这未尝不是一种解决方式。

电商的思考：传统企业做电商失败的最大原因是什么？

通过对以上这些失败案例的分析，不难发现，传统企业在接触电子商务的过程中遭遇困境的最大原因还是对电子商务不了解，没有搞清楚电子商务在企业中的战略定位，因此，也就不知道怎么利用电子商务实现和自身业务的协同，更不知道结合自身业务的不同状况要采用差异化的电子商务形式，因为有的品类适合在互联网上销售，而有的则更适合以移动端作为中心进行销售。而这些是企业在接触电子商务时第一步就要弄明白的问题。

此外，在企业内部，决策者应该赋予电子商务部门更多的独立性和资源调配能力，使之不要将过多的精力花费在内耗上，这也是决定传统企业进入电子商务领域成败的一个关键原因。

虽然存在诸多的困难，但是传统零售商走进电子商务领域是大势所趋，很多零售商在实践中摸索，从失败中寻找方法和经验，从而更好地发展电子商务。

3.8 那些年，我们一起追过的大 C 们

大 C 就是规模较大的 C2C 卖家。众所周知，淘宝就是一个江湖，有关在淘宝开店的传奇故事数不胜数。淘宝的火爆催生了一大批淘宝皇冠大卖家，他们俗称“大 C”，小也香水、心蓝 T 透、天使之城都是其中的代表。这些从零开始的传奇卖家，经历了无数的风云变幻，他们在电子商务的发展之中，往往踩到了某一个关键点，走上了成功之路。

对电商来说，了解别人的成功经验是很重要的，我们可以通过这些大 C 们的成功案例知道他们有哪些优点可以借鉴，哪些缺点可以避免。

下面通过几个成功的电商案例来解析一下。宜佳、心蓝 T 透、西溪漫步、天使之城、小也香水、君伟服饰，这是我们在做电商的时候必须面临的对手。

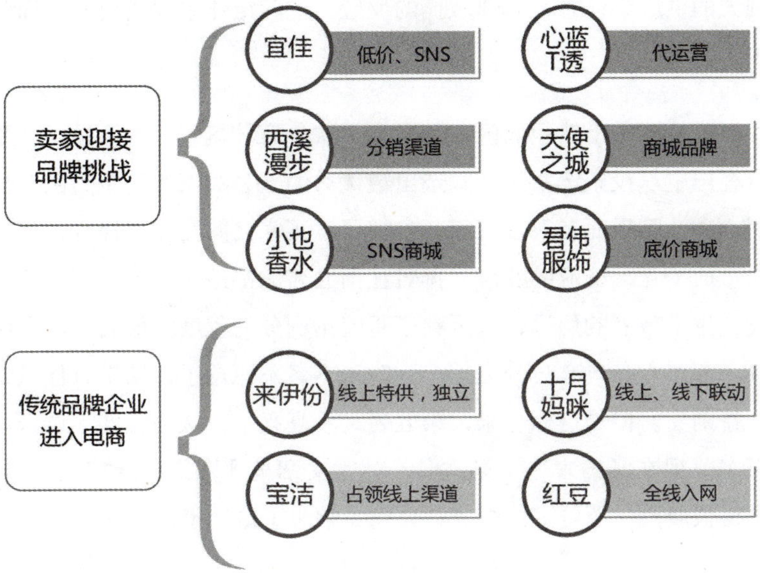

图 3-8

还有一些是传统企业进军电子商务领域的，例如来伊份、宝洁、十月妈咪、红豆等。学习他们的经验，对我们会有一些启发。

1．宜佳——低价、SNS

宜佳几乎是淘宝中收藏量最大的电商，他们在每周二的夜里上架新商品，在上架新商品的时候，当天几乎没交易量，因为那些买家都在那里等着新商品上架，新商品一上架，立刻就会被疯狂抢购。

宜佳有两个特点，一个是低价，一个是做 SNS。什么是 SNS？ SNS 就是社会化营销。SNS 的手段有论坛、QQ 群、旺旺群等。我认为，电商营销的特点就是 SNS。

宜佳经营的是日韩风格服装，日本和韩国 T 台上的模特刚在台上展示完，宜佳就在淘宝网上挂出来了同款衣服，他们快速学习和借鉴别人的创意。但是这需要一个强大的供应链体系，快速敏捷的反应，供应链体系发货要快，而且每次都是快速销售。

这种商业的本质仍然是低价 SNS。有一次，宜佳搞了一次活动，就是在他们所有的老客户中以投票选举的方式选出最优秀的五名买家并给予奖励。当时竞争非常激烈，在社区里面有很多买家都参加了，买家之间互相传播介绍客户，已经在群里面形成了互动交流的环境，排名在前五名的都是大买家。但是第五名和第六名之间产生了激烈的角逐，甚至到了买流量刷分的程度。最后一刻，结果出来了，第五名和第六名只有一分之差，这时第六名不愿意了，结果宜佳只好给他颁发了一个特别奖。但是这样一来，第五名又不高兴了，认为宜佳不讲诚信，说好了一共五名，现在又出来一个第六名，就写文章批评陈庆峰（宜佳的老板），后来事情闹得很严重，还是宜佳找公关公司才解决了这件事情。

这场闹剧的背后是什么？宜佳的客户和客户之间产生了购物体验，其实这些大的电商的背后都不只是一个店，店的背后有论坛，可以开展营销，甚至是一个 QQ 群建立的 SNS，也可以让客户和品牌之间产生互动，这就是 SNS 的魅力。SNS 做起来了，现在宜佳开始抬高产品价格，因为其产品有附加值，面对品牌，他们开展销售已经游刃有余了。

2. 心蓝 T 透——代运营

心蓝 T 透是做代运营的公司，代运营公司会帮助传统企业开展电子商务，帮助其品牌在互联网上打开局面。从小 C 到大 C 再到 B，再华丽地转身成为排名靠前的电商服务商“网尚”，心蓝 T 透走得很踏实。随着国内电商产业格局的变革和完善，心蓝 T 透凭一己之力推动着电商行业的发展。

3. 天使之城——商城品牌

天使之城有两个特点，第一，通过全球旅游，建立了一个“粉丝”团，这个“粉丝”团追捧他的旅游行为，他是通过在其所卖的衣服上展示旅游过程中的故事，带动他的SNS群体，而不是像其他商家凭借衣服的款式好看纯卖货。第二，天使之城是做预售的，预售就是把产品放在网上销售，实际上产品没有生产出来，如果有人来买，然后再下单生产。预售模式大大降低他的产品价格。

4. 小也香水——SNS商城

小也香水以SNS入手，把客户很好地管理、组织在一起，让其产生了很强大的品牌效应，这是小也香水成功的一个关键。

5. 君伟服饰——低价商城

君伟服饰经营的是以低价为特点的男装，其C店中的销量非常大。当他做到一定规模的时候，仍是依赖价格优势，而且又做了一个新品牌，即DEERE MARCHI，直接由厂家供货。这就是君伟服饰。

6. 来伊份——线上特供、独立

来伊份是一个很有特色的品牌，它是怎么样起家的呢？刚开始的时候，其创始人先搜出来淘宝网上卖得最好的食品，例如炸薯条，然后他直接找到生产这个油炸薯条的厂家，把他们的产品贴上来伊份的品牌再卖出去。所有来伊份的商品都是这样来做的，但是它通过这样反向控制厂家，实现了供应链直接面向互联网，同时又加快了品牌实现了网络化的进程。

7. 十月妈咪——线上、线下联动

十月妈咪是传统品牌的代表，其经营的孕妇装是传统孕妇装领域内的霸主。十月妈咪线上销售做得非常好，现在已经实现了线上和线下销售的一体化。有人说线上销售会和线下销售产生冲突，十月妈咪不但没有冲突，线下的导购率有很大一部分都是来自于线上。他们把商品完全区分开，线上的产品在线下一个也见不到，线下的产品在网上一样也买不到，网上销售只是用于建立口碑。

客户在进入实体店进行交易的时候，会很容易建立线上和线下的互动行为，把实体店变成了服务体验中心，例如孕妇去逛实体店的时候，实体店就把孕育生命的知识、服务等一系列体验融入进去，并且以社区化的形式对周边的高档孕妇全部进行了服务。

如果传统企业做电商时还是想把实体店变成零售的终端，没有服务，用户是不会去实体店的。所以以零售为主的经营模式，逐渐将会被电商打击掉，所有的实体店将会面临一个挑战，即实体店的经营不能靠商品种类，必须要把服务，也就是用户体验融入进去，所以体验店在线下起到了很关键的作用。

8. 宝洁——占领线上渠道

宝洁公司单纯地把电子商务当成渠道，为什么？因为它的知名度实在太高了，它的很多产品的客户黏性都非常强，拥有很高的客户忠诚度。所以它开展电子商务主要是多了一个展示和销售的渠道，让它的用户可以更加方便快捷地购买它的产品。增加客户体验是网上渠道的一个主要意义。

9. 红豆——全线入网

红豆把整个区域的各类品牌全线入网，建立新的营销渠道，相当于将线下和线上形成一体化的营销模式，从而来推广红豆的理念。线上、线下完全联动，商品全线入网，这是红豆的经营策略。

电商课堂：如何做出电商品牌？

品牌，其中包含商品的品质、服务、内容、口碑等，它是一个各种优秀品质的综合体。而做互联网品牌更是如此，因为互联网实在太庞大了，电子商务平台越来越多，到处都是诱惑，消费者选择的机会也很大，但客户与商家之间的交流仅只是通过一个电子商务平台而已。由此，做互联网品牌一定要注意以下一些问题。

第一，做电子商务，很多人都了解其经营手段和方式，但并不是每个人都熟悉自己所销售的产品。而要做电商品牌，明白和熟悉公司产品比懂得电商运作方式更重要。

第二，做品牌的格局要大气，要珍惜每一个用户，当用户体验出现问题时，要及时采取必要措施解决问题，才会产生口碑传播。

第三，前期修炼产品品质内功的同时，要做好流程。演练流程很重要，做电子商务，没有销量很可怕，但有销量却发错货更要命。

第 4 章

一步一步学运营

要解决仓储物流方面的问题，除了我们要进行大规模的资本投入之外，还应该在整个解决方案中重点加强干线的配送、同城的物流，这样能让区域性的公司参与电子商务工作中来，这是发展未来电子商务非常重要的一点。

——如来陈涛

4.1 团队是这样“练”成的

电子商务与传统商务在人才素质结构、管理流程、管理模式等各个方面都存在很大差异，而优秀的内部管理系统又是电子商务顺利进行的重要保障。所以，要进军电子商务领域，首先应对企业的组织结构进行有异于传统商务的调整，重新组建一支优秀的电子商务运营团队，如图 4-1 所示。

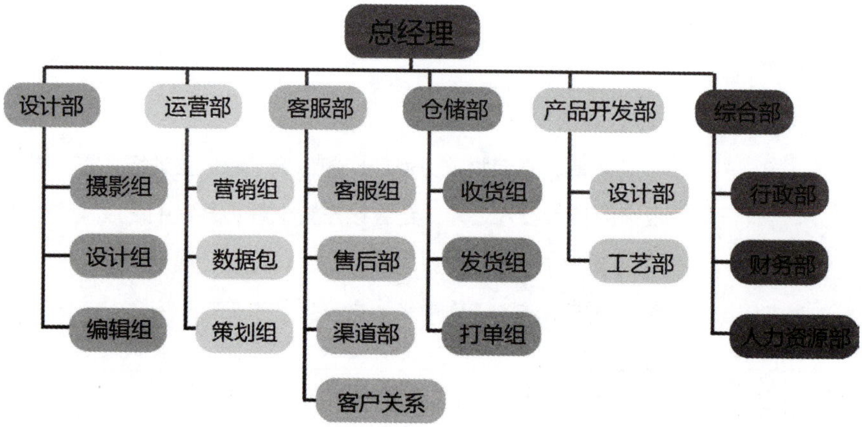

图 4-1

组建合理的电商运营团队在一开始并不需要很大的规模，组建之后部门之间要做好协调工作，不能让公司各个部门的流程成为影响电子商务发展的因素。整个电子商务业务的规划需要从各方面入手，而并不只是建设一个网站那么简单，其背后一定是公司整体自上而下的配合。

一般来说，一个传统的企业开始做电商的时候，有 10 个人的规模也就够了，但是当企业逐渐发展，有了上百人的时候，就需要调整组织结构，在完整的组织结构下，整个电子商务才能有条不紊地运作。

但是，团队的组织结构也不是固定不变的，它会随着企业的发展规模不断地变化。总的来说，一般大概分为以下几个主要部分。

1. 设计部

设计部是比较关键的，因为里面包含了摄影、设计和编辑等几个部分，大部分企业在做电商初期的时候是将这一块业务外包出去的。但是一旦网站稍微有点规模就自己来做了，虽然外包的成本更低。实际上电商在销售中的呈现环节实质上就是“卖图”。不管卖什么商品，谁的图片拍得好看谁就卖得多，谁的模特漂亮谁就卖得多，谁对产品的理解深入，让产品局部展示得更清晰，消费者的心被抓住了，谁就卖得多。因为很多消费者都不看视频，就看图片，所以企业发展到一定规模，一定要自己来做设计。

2. 运营部

运营部里有营销小组、数据小组和策划小组，他们分别对店铺的整体运营，平台的运营进行掌控，知道要在哪里开店。例如，如果企业经营的产品是面向女性用户的，首先选择在淘宝或天猫上开店；而面向男性用户的，首先选择在京东开店。大家基本上都是这样来操作的，等逐渐开展一段时间，店做好了，渠道发展好了，再去发展其他地方。不要一开始就在淘宝、京东、当当、卓越亚马逊、1 号店等所有平台全部开店，其结果很可能是一个也没有做起来，投入了好几百万元，没有任何效果。

在运营部里，策划很重要，例如要搞活动，都是由策划部来策划的。做电商经常要搞活动，一般一周要有两场活动。这些活动不是针对全网的大活动，只是针对一部分的运营商品来开展的，之后就可以做数据分析，因为一切营销的基础都是数据。营销过程中的数据分析可以用来指导修改图片、设计、版式结构，以便下次做得更好。

3. 客服部

客服主要包括售前、售后和客户关系。有的客服非常忙碌，在电脑屏幕前不停地单击窗口回答客户的问题，就像机器人，即使这样还是有很多投诉。所以，客服一定要能抵抗压力，这也是对电商客服的要求，而售后客服要比售前客服抗击打能力更大。在企业经营中，要尽量减少客服的负担，这个岗位确实是一个辛苦的岗位。

客服部里比较重要的还有客户关系。电商企业最重要的资产就是客户关系，在企业发展到一定阶段时，要特别重视客户关系，企业的交易量和流量，还有企业的垂询全部来自于客户。

4. 仓储部

仓储物流同样非常关键。对很多企业来说，仓储物流现在是其发展的瓶颈，但是是瓶颈也是机会，自己控制住仓储物流，管理好仓储物流，将会对企业的电子商务业务发展起到关键的作用。所以最好是自建仓储。自建仓储用不了多少钱，但是却直接影响到客户的体验。所以自建仓储是比较明智的选择。

5. 产品开发部

不管是做外包、零售，还是自己生产产品，产品的开发一定要有。不管做什么产品，都要有包装，要赋予产品生命，这就是产品开发。

6．综合部

综合部包括行政部、财务部和人力资源部，他们是服务和帮助其他部门的部门。

电商课堂：如何自建团队完全自营？

传统企业的电子商务业务的经营模式主要有三种：自建团队完全自营、整体项目托盘外包、部分自营部分外包。这三种方案中最理想的就是自建团队完全自营。但是，这样做很难找到合适的人才。这几乎是所有电商企业面临的难题，而且随着进入电商领域的企业增多，人才需求只会越来越迫切。要想发展企业，当然离不开人才，如果电商团队能够搭建好，对传统企业而言，其他的就比较好办了。

作为传统企业的决策者，首先要解决的就是找到合适的电商团队负责人，其解决的办法无非就是外部招人、内部培养、中后期加入这三种。

(1) 外部招人

外部招人是比较便捷的方法，但是一般对招来的人的人品、能力、思路、观念、性格不了解或了解不深；或者也许在思路、观念等沟通中会产生不可避免的障碍。还可以尝试让电商圈内的朋友或熟人推荐，这样比较可靠一些。不过，如果要以创始人为标准来招人，顾虑太多，则建议不要用这种方式。如果招到的人不适合，则不能拖下去，应快刀斩乱麻，快速调整策略。

(2) 内部培养

如果从企业内部培养人才，会对人才的人品、能力、思路、性格有充分的了解和信任，在沟通上基本不会有障碍。但是通过这种方式培养的人才也许缺乏专业性。因此，如果对于电子商务业务的发展并不急于一时，可以采用内部培养人才的方式，不要轻易给出承诺，可以并行培养几个人，凡做过电商的人，其思想和心态绝对会发生变化。

(3) 中后期加入

如果负责人是在中后期加入进来的，就会给整个团队注入新的思路和观念，但是也许企业很难把控这个人，负面影响比较大。因此，在寻找后期加入者的过程中需要有耐心，如果找的人不合适，害人又害己。

4.2 像关怀亲人一样关怀客户

在电子商务中，最需要解决的一个问题就是客户的忠诚度，不只是要更多的“人次进入店铺”，更是需要客户长期消费。怎样可以让客户留在固定的平台？创造客户忠诚度的秘诀就是关系！客户关系管理是电商运营的重中之重，良好的客户关系管理不仅能为店铺带来回头客，还会有很多的附加价值，例如口碑传播等，提升用户对企业的好感，进而还能吸引新顾客。

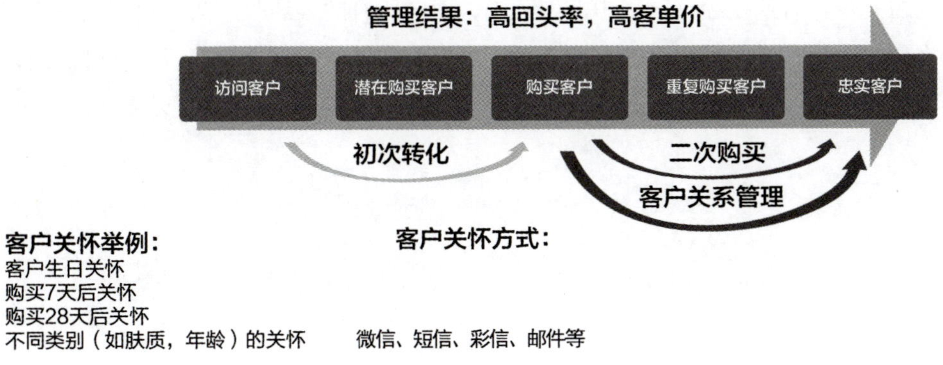

图 4-2

随着电子商务的发展，从前以生产为中心、以销售产品为目的的市场战略逐渐被以客户为中心、以服务为目的的市场战略所取代。谁能掌握客户的需求趋势、加强与客户的关系，谁就能获得市场竞争优势。以客户为中心的客户关系管理(Customer Relationship Management，CRM) 成为电子商务时代制胜的关键。

客户关系管理是一种手段，它的目的是通过不断改善客户关系，降低运营成本，提高企业销售收入。企业以追求最大赢利为最终目的，管理好客户关系是达到这个目的的手段，无论产品多么好，品牌多么出名，如果要想在竞争中立于不败之地，吸引大批的回头客，做好客户关系管理是唯一的选择。

许多企业的客户关系管理实践结果表明：在电子商务发展时代，有效实施客户关系管理是企业保持旺盛生命力的动力，只有客户关系管理得成功，才有电子商务的成功，也才有企业持续、快速、健康的发展。

一个客户从一开始访问你的网站，到形成潜在客户，初次购买，二次购买，最后形成忠实客户，这里面有两个环节很重要，即初次转化和二次购买。综合来讲，客户关系管理在从客户初次购买到最后变成忠实客户中发挥着巨大的作用，客户关系管理，其实就是两个字——关怀。

客户是用来关怀的，不是用来经营的，因为你只有关怀他，他才能给你带来利益。很多商家在经营过程中全网营销，面向所有的客户打广告，这样会带来什么样的后果？你的客户可能再也不来了，因为你对他只有推销，没有关怀。所以要想管理好客户关系，一定要关怀客户。

案例：满足客户的个性化需求

很多电商企业都在考虑如何发展更多的新客户，于是，他们通过各种营销手段来推广店铺，例如大面积地投放广告、采用低价策略等，虽然这样可以在短时间内获得一定数量的客户，但是客户不一定有黏性，也许客户在这里消费一次后下次就再也不来了。怎样才能将新客户发展成为老客户？除对客户惠之以利外，还要动之以情，也就是以关怀的方式来留住客户。

赵小姐的一个朋友的生日快到了，但是赵小姐非常忙，没有时间到商店去选购礼物，就在网上买了一个毛绒玩具。为了方便货物送达，赵小姐将收件人的地址填成了她朋友的收货地址，并且给卖家留言，让其务必在发货时不要夹带发票和发货单。由于担心发货人疏忽，赵小姐又再一次通过旺旺提醒该卖家的客服，确保卖家能够按照她的要求送达礼物。

赵小姐的要求可以理解，在馈赠礼物的时候，大家都不愿意对方看到礼物的价格，以期让对方能够感受到这是自己真实的心意。作为卖家，就要抓住这次机会，给予客户关怀，把客户培养成一个老客户。

在接到赵小姐的要求后，该店铺的客服迅速与赵小姐联系，详细了解她的购物需求之后，还在原有的基础上额外加赠了一张小贺卡，并不失时机地向她推荐相关的礼物，做关联销售，另外还记录了她的购物行为与馈赠目的具体信息，建立客户档案。最后，细心的客服还向赵小姐的朋友发送了一条祝福短信，这在一定程度上满足了消费者赵小姐的个性化需求，也体现了卖家对客户的尊重，从此，赵小姐成为了这个店铺的忠诚客户。

客户关系管理的核心就是关怀，不要以为把你的信息告诉客户就是关怀客户了，那是广告，不是关怀。关怀就是要对客户深入地了解，明白客户真正的需求是什么。例如经营化妆品的卖家，在跟客户聊天的时候，要收集很多信息，例如客户的肤质，客户的肤色，客户的年龄，收入等客户的各种各样的信息，用来关怀客户。秋天到了，就告诉客户天气开始变得干燥，要注意给皮肤增加水分。所以对客户的了解越深入，才能关怀得越深入，而不是经常告诉客户今天店铺促销了，明天商品打 5 折了，客户对促销信息有一个敏感度，当你的客户一天到晚地被动接收促销信息的时候，他就再也不相信促销了，所以客户关系管理的核心只有两个字——关怀。

对客户的关怀方式有很多种，你收集的客户联系方式越多，越容易做到对客户的关怀。你收集到客户的微信信息，可以使用微信关怀；你收集到客户的微博信息，可以使用微博关怀；你收集到客户的手机号码，可以用 E 店宝系统群发短信关怀。很多人说，我收集了微信信息，就开展微信营销，收集了短信就开展短信营销，不要这样做，要以关怀的方式开展营销，而不是以广告的形式。如果你不能在合适的时间，给合适的客户发送合适的商品信息，就不叫关怀，叫促销。

那么具体如何来关怀客户呢？下面是两个比较实用的步骤。

第一，发送感谢短信。新客户在你这里消费之后，要感谢他们，可以同时发放一些优惠券，鼓励他们在有好的体验后，再次回来购买；对于回头客，更要感谢他们的支持，同时可以采取一些类似手机二维码、转发给朋友的优惠券等形式鼓励他们带来更多的新客户。

第二，释疑。在感谢之后，紧跟着的动作是关怀，对于消费不同类目产品的客户普遍关心的问题，分别制订出几种答疑和关怀方案。例如为婴儿购买奶粉、食品的买家往往最关心宝宝一天吃几次，怎么吃，东西有没有营养；购买服装的买家会关心衣服的质量怎么样，怎么清洗等；购买电子产品的买家会关心这个产品好不好用等。把这些答疑和关怀方案分类，通过 EDM、手机 WAP、旺旺、微信等形式，发送给客户以表示对客户的关怀。

关怀客户的方式有很多种，但是考核客户关系管理的方法只有 8 个字“高回头率，高客单价”。

什么是高客单价？高客单价就是客户一次性买很多产品。

什么是高回头率？高回头率也叫重复购买率，而重复购买次数是指在单位时间内，客户重复购买产品的次数。重复购买次数除以全部购买次数得出的比率，就是重复购买率。简单地说，就是一个客户在你这里消费了一次不止，还要再次消费。

重复购买率是电商企业衡量自身业务健康程度的重要指标之一，重复购买率越高，代表用户对企业的产品或服务的忠诚度、活跃度越高。在电子商务网站的运营中，大家都知道，维系老客户的成本要低于拓展新客户的成本，一般来说，在 3 个月内没有购买行为的注册用户流失率会在 50% 以上，在 6 个月内没有购买行为的客户的流失率接近 100%；另一方面，店铺在 3 个月的重复购买率低于 10%，6 个月的重复购买率低于 20%，就说明店铺的客户价值挖掘和维护工作出现了失误。如果能够维系好老客户，从而成功提升复购率，那么将会降低企业的销售成本。

数据研究表明，当客户顺利完成第一次重复购买后，后续的第二次、第三次购买几乎是水到渠成的。相比投入巨大的成本开拓新客户来说，把精力花在提升客户复购率上，也就是客户关系管理上更有价值。

客户管理的核心是关怀客户，让客户信任你，与客户建立感情，给客户带来惊喜，让客户体验到你优良的服务态度。这构成了你所有客户管理的关键要素。

电商课堂：如何提高客户的重复购买率？

第一，优化网站的客户体验，简化购买流程，尽量不要给客户制造障碍。客户是来消费的，不是来测试智商的，客户最喜欢操作便捷的一键式购买。而这种方式也可以鼓励客户继续重复购买。

第二，监测好物流配送环节的服务质量。现在电商企业的物流配送环节一般都是包给第三方物流公司。因此，在物流配送环节，服务质量的监测很关键，企业需要为客户提供产品在配送过程中的充分信息，让整个流程尽可能便利，减少客户等待的时间。快速敏捷的物流配送体系，会给客户带来很大的好感。如果客户能够很快收到自己购买的产品，他们就会更频繁地购买。

第三，提高亲和力，同时要对客户耐心负责。在客户购物的过程中，难免会出现各种各样意想不到的问题，要让客户感觉自己被重视，客户的问题再小也要认真对待。

第四，给客户一些小惊喜。零售商无法控制所有的环节，但他们能控制打包环节，可以通过这个过程为客户带来意外惊喜从而提升客户的满意度。例如在包裹中加入小礼品，这样会让客户高兴，从而带会来更多的口碑传播。

第五，设定客户期望值并超越这个期望值。不要给客户太高的预期，但你可以做得比预期更加完美。承诺需要 3 ～ 4 天完成送货，但货物两天就被送到了，这样用户就会有一种惊喜感。

第六，提供免费和便利的退换货服务。提供免费和便利的退货服务，是一个挽留客户的有效手段。如果客户知道一旦他们对商品不满意可以轻松退货，他们会对你的网店增加好感，可能会重复购买。最优质的客户往往是那些退货率最高的客户，但他们也是最有利可图的客户。

4.3 营销是一种管理方式

现在，尤其是在做电商的时候，营销不再是传统意义上的投放一个广告，引来流量进行转化，而是变成了一种管理模式。

营销管理要靠数据分析，比如要参加一次聚划算，或者投放一个广告，参加一次钻石展位推广，无论干什么，都会产生大量的数据，必须要数据做分析。怎么分析呢？首先一定要知道，设计出一个页面后，这个页面上哪个地方最容易被点击，知道了这个，才能选择在哪个位置放你最重要的热卖产品。还要知道自己的店铺里上架了多少个产品，用户最常进入的入口是哪个产品页面？因为用户不一定都是从店铺的首页进来的，他有可能是从你的某一个产品页面进来的，而这个产品的位置在哪里，一定要知道。另外还要知道用户进入你的店铺之后浏览了半天，然后从哪个产品页面跳走了？哪个产品是用户最经常买的，一起买的产品有哪些？

只有知道了这些，你才能制作出有效的产品页面，所以不要以为你的产品页面只要做得漂亮就够了，有时候甚至难看的页面也有可能销量很好。精准的营销管理是营销制胜的关键。

1. 价格测算

在上线的产品中，一定要进行价格预售测算。比如上线了一个产品后，先慢慢涨价，看涨到什么程度之后，人们就不再购买了，然后就以这个价格为准。

还有爆款测算。爆款测算就是测算要主推什么款式，从而根据爆款测算结果来制订你的生产计划，生产完了之后再打广告，再按你测算的价格来卖。

不要跟风。因为平台有时候很邪恶，但是要冷静地思考它的政策。比如在政策刚开始颁布实施的前几个月，因为政策很容易出问题，十个政策往往有七个政策会出问题，所以不要盲目跟风。要抓住处于稳定期的政策，立即跟进。

2. 导购——淘宝客

要尽量使用导购类的网站，比如淘宝客。为什么淘宝客有价值？有的店铺80%的流量都来自淘宝客，而淘宝客的成本是很低的。

案例：利用淘宝客做爆款（内容参考自《欢乐淘电商》）

A店铺是一家做家用电器的天猫店铺，店铺运营比较良好。大家都知道，在目前的大环境下，钻石展位和直通车都不是一般人能玩得起的，因为动不动就要好几十万元。虽然说钻石展位和直通车都是按照点击付费的，但是这两个付费推广的ROI已经不如从前了。所以先卖产品，再付费的淘宝客越来越受卖家的青睐，其中A店铺与一个淘宝客——淘粉吧进行合作，按成交付费，效果还不错。

从图4-3和图4-4中的数据可以看出，2014年5月6日至5月13日，A店铺参加淘粉吧推广以后，成交转化率从原来的4%上升到6.5%。

日期	浏览量	回访客数
2014-05-01	4,121	2,045
2014-05-02	4,786	2,111
2014-05-03	4,591	2,174
2014-05-04	5,988	2,711
2014-05-05	5,796	2,851
2014-05-06	7,711	3,613
2014-05-07	6,935	3,504
2014-05-08	6,764	3,311
2014-05-09	6,918	3,308
2014-05-10	6,768	3,135
2014-05-11	6,615	3,201
2014-05-12	7,345	3,513
2014-05-13	6,417	3,165
2014-05-14	5,470	2,649
2014-05-15	4,879	2,506

图4-3

日期	成交转化率
2014-05-01	3.08%
2014-05-02	4.64%
2014-05-03	4.55%
2014-05-04	4.35%
2014-05-05	4.00%
2014-05-06	4.84%
2014-05-07	5.19%
2014-05-08	5.38%
2014-05-09	7.74%
2014-05-10	6.38%
2014-05-11	7.62%
2014-05-12	6.40%
2014-05-13	5.78%
2014-05-14	6.76%
2014-05-15	4.95%

图4-4

也许大家觉得这个数据一般，但是看一看 A 店铺参加活动的商品和价格你就知道了。

活动商品：苏 ×× 品牌电压力锅

活动价格：289 元包邮

展示时间：5 月 6 日 10：00 至 5 月 13 日 23：59

活动销量：超过 1133 件

A 店铺淘宝客佣金设置的是 15%，这样核算下来，A 店铺一共产生的淘宝客佣金是 289×1133×15%=49115 元，淘宝客带来的成交金额是 327437 元，ROI 大约是 1:7。

在报名参加活动之前，因为此款商品日常销量平平，所以对于销量 A 店铺也没报太多希望。当时这款商品是其他同行主推的商品，A 店铺抱着能卖多少是多少的心态参加活动的，却意外收到了很好的效果。活动过后，原来销量一般的产品成为主推款，活动后此款产品的销量持续增加，搜索关键词“电压力锅”其排名遥遥领先。

由于现在优质的淘宝客资源稀缺，而且能够推广家用电器的淘宝客人数也非常有限，A 店铺的做法是：在某段时间参加淘宝客活动吸引一些优质淘宝客，比如参加淘粉吧的超高返利活动，利用高佣金来吸引淘宝客和买家的注意，快速地提高流量，带动关联销售。淘宝客活动结束后，可以将商品恢复到正常的佣金比例。淘宝客会比较愿意配合商家这样的玩法，并且还会推荐一些合适的同行来一起推广。

电商课堂：电商如何利用淘宝客推广？

淘宝客就是指以帮助淘宝卖家推广商品赚取佣金的人。对卖家来讲，淘宝客是一种付费的推广方式，与直通车推广点击就扣钱的方式不同，淘宝客推广只有达到交易成功才会收费，是一种经济实用的推广方式。可以说，要想店铺赢利，就要学会利用淘宝客进行推广。另外，利用淘宝客推广还要注意以下3点。

(1) 找到优质的淘宝客。在选择淘宝客时，可以考虑佣金比例、店铺信誉、成交量、当季热卖程度等几点因素。此外，具有高佣金、高销量、高转化率、好创意的商品，都能够吸引淘宝客。但是高佣金需要根据自身情况来考虑，需要分析自身商品的转化率、利润率如何，以及是否适合此种推广等。

(2) 避免掉进淘宝客的陷阱。虽然淘宝客是先成交后收费的模式，但是也有不法分子通过淘宝客购买产品，继而退款，骗取佣金的情况。因此，卖家需要谨慎，最好按正常退货流程走，以便淘宝客退还佣金给卖家。切记不要轻易私下协商退款，不要与买家私下通过支付宝直接退款。要依照淘宝退款流程，并记录该订单。要给联盟客服打电话核对该订单是否属实，并且要时常查阅淘宝客推广情况以及订单情况。

(3) 培养可靠的淘宝客。淘宝客需要慢慢积累。卖家要把淘宝客看成自己的顾客，以淘宝客为中心。要换位思考，慢慢笼络淘宝客资源，并且逐步培养淘宝客群体，让他们更加愿意帮助你推广产品。

4.4 数据把控，百战百胜

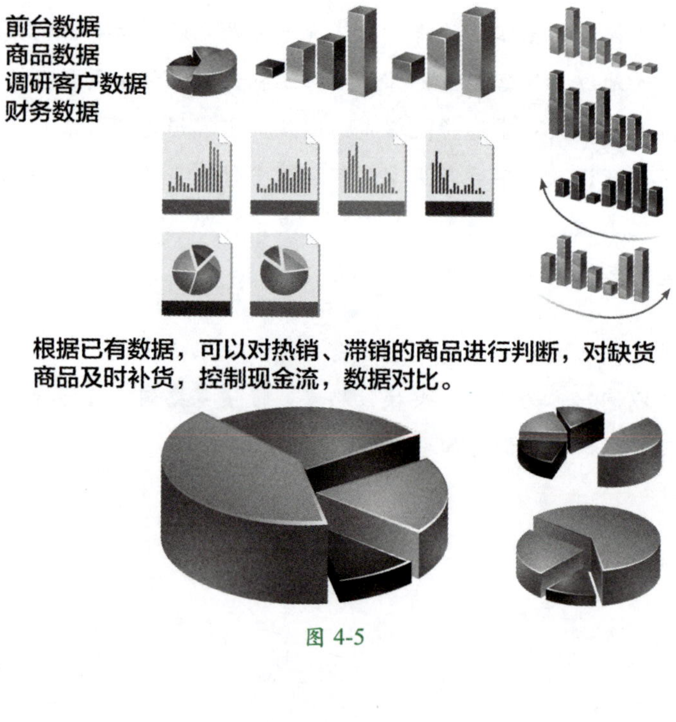

图 4-5

大数据是当前的热门话题，那么，到底什么是大数据？它能够给我们带来哪些价值呢？简单地说，互联网上的每一次搜索，网站上的每一笔交易，点击鼠标的每一次输入都是数据。当这些数据到达一定数量的时候，大数据就形成了。

对电子商务而言，大数据会对消费者行为习惯的改变以及技术创新进行精准预测，这会为电商营销方式带来前所未有的变革。据统计，如今在互联网上，每分钟都会产生10万条微博信息、400万次搜索。互联网成了数据的海洋。

但是，许多电商企业虽然拥有大量的数据，却不知道如何分析以及利用这些数据。如果只是拥有数据而不会分析数据，等于没有数据。只有将前台行为数据和后台交易数据联系起来进行分析，大数据才会有价值。电子商务发展的速度越来越快，这个行业的趋势变化也越来越快。对电商企业而言，想要企业发展，学会数据驱动是必需的。

一些电商企业都有专门的数据分析师，他们利用数据分析帮助老板做决策。但是，这就要求他们必须拥有敏锐的目光和对市场较高的洞察力。比如，当数据分析师发现网站上的奶粉销量增加时，那么，他应该可以预测婴儿服装的销量也会跟着增加。一个对商业敏感的数据分析师，懂得用什么样的数据为公司实现目标。

但是，令很多电商老板头痛的是，当下很多数据分析师多是学统计学出身的，一堆数据放在那里，都知道怎么算回归，怎么画函数。但是这批学数学的人才缺乏商业意识，不知道这些数据对商业意味着什么。

有一位电商企业的老板，他的数据分析师每天给他看几十个零散数据。但是他反而觉得数据越多越麻烦，因为这个数据分析师只是把数据交给他，却没有把这些数据和商业的关系告诉他。这样的数据分析师是不称职的，因为数据分析师不是单纯做数学题，他必须要知道行为数据和商业数据之间的逻辑关系。

数据分析在电商运营中起着非常重要的作用，比如，通过数据可以看到用户从哪里来、如何组织产品页面可以实现更好的转化率、投放广告的效率如何等问题。所以，只有重视数据分析，电商企业才能更好地运营。

与传统线下业务不同，电子商务在交易过程的行为数据是可得的。而对用户行为数据的整理和挖掘，对于指导电子商务的运营具有非常重要的意义。因此，作为电商企业，在开展电子商务业务的过程中，要特别重视消费者相关数据的分析，以便更好地实现商品的销售。而数据驱动的电子商务和网络营销的第一步，就是要深入理解到底有哪些数据，以及它们的真实含义是什么，它们表示什么。

电商运营管理的本质是数据。如果做电商不懂数据，就不要做电商，因为电商每天关注的全是数据。商品的客单价、客户的复购率、商品关联交易的等级都是数据，比如一个人买了 A 商品，又买了 B 商品，那么 A 商品和 B 商品是怎么关联的呢？就像我们去大型超市购物时，会发现尿不湿和啤酒总会摆在一起。为什么尿不湿和啤酒会摆在一起呢？通过数据分析证明，买尿不湿的大多数是男人，男人买了尿不湿一般都会顺便买了啤酒。那么这样说来，是不是在网站上也要把啤酒和尿不湿摆在一起？当然不能这样做。所以这就是数据的意义，做电商必须要懂得利用数据。

再比如客服，原来对客服的考核是这样的：谁的业绩高谁就拿提成，谁的业绩低谁就没有提成。现在考核客服的业绩是看一个客服服务了多少个客户；客户的满意度怎么样；客户过来询单的时候，有没有让他等待；询单的回复率高不高；平均回复客户的时间是多少。要从服务客户过程的质量来考核客服。所以大数据有能力监控到交易的每个环节，例如消费者从进店到离店，在这个过程中和谁沟通了，做了哪些沟通等。对所有的过程的数据分析的结果，就是大数据。大数据的核心是过程把控，大数据的重点、难点在基础数据，做到对基础数据进行收集和整理，就会和竞争对手产生差异。

电子商务其实就是利用数据在互联网上开展营销，不利用数据，就没办法和线下产生联系，这就是数据的意义。早期的数据重视结果，今天的数据重视过程，以过程来影响你的决策和营销。比如宝洁，它对数据的分析在没做电子商务之前就已经很强了，宝洁的每一个门店都有摄像头，以便对客户进行各类的调查和分析，他们同时还询问店员，每天店里进来多少人，走出去多少人，进来的都是什么类型的人。这些数据都要采集起来做分析，然后用来指导公司的经营策略。

1. 基础数据

互联网上的数据繁多，简直就是数据的海洋。我们打开电脑就会产生数据，比如我们访问了新浪的首页，这个首页假设只有 200KB，但是访问这一下几乎产生近几兆的数据。这些数据是怎么来的？是一个个被抓出来的，每一张图片被打开一次，都会产生一系列数据，例如从哪一个 IP 地址访问，通过什么浏览器，在哪些地区，在什么时间访问过。

这些数据都是基础数据，很多公司都不重视基础数据，有些电商企业连商品数据都不完善。商品数据是基础，每一个商品的包装、重量、商品基础信息，都决定了将来这个商品的信息化管理的程度，就和客户档案是一样的，建立了多么详细的客户信息，决定了未来企业的数据分析能力到底有多强。而这些数据的采集和收集，需要所有环节的人共同来做，包括产品的上下架，产品的基础数据的建立，甚至商品上架了之后，商品的所有相关信息都要有，数据尽量都要全，这是基础数据的建设。有了基础数据，才能对商品进行有效的数据分析。

2. 数据把控

要想做到对数据进行把控，首先可以根据已有数据，对热销和滞销商品进行判断。很多电商在仓库里存放了大量的商品，结果发现有些商品都堆积在仓库里卖不出去。为什么不对它们进行热销品和滞销品的分析呢？分析之后就可以把这些滞销品作为赠品或促销品来处理掉。其次，要对缺货进行补货以及控制现金流时可以使用数据对比。因此往期的现金数据在数据管理中是极为重要的，做好数据整理，做好数据分析，将影响着企业在经营和运营过程中的成本，做好数据整理，可以尽最大可能地节省成本，提高效率。

对电商来说，数据的重要性毋庸置疑，围绕着大数据，数据仓库、数据安全、数据挖掘和数据分析已经成为未来电商的制胜关键。淘宝和京东都在强调，未来会向平台商家开放更多的数据供其使用，可见人们越来越重视数据。

与线下面对面的消费者相比，线上客户的行为更为复杂，更需要有的放矢地引导、转化，而非一味地用钱去推广。如何吸引潜在客户进入，如何提高现有客户的满意度和忠诚度，如何降低客户流失率等，是每家电商企业都要面对的问题。而解决之道就在于电商企业在经营过程和经营环境中随时产生的海量数据。

亚马逊 CTO Werner Vogels 认为："长期以来，亚马逊一直通过大数据分析，尝试定位客户和获取客户反馈。在此过程中，你会发现数据越大，结果越好。为什么有的企业在商业上不断犯错？那是因为他们没有足够的数据为运营和决策提供支持。一旦进入大数据的世界，企业的手中将握有无限可能。"

随着电商对数据的深层挖掘，其将每个消费者在不同阶段多层面的需求都收集了起来，从而提高对用户的了解。而在过去，这些都是被忽视的东西。如果不能将这些细微的需求从海量的数据中挖掘出来进行分析，就不能达到真正了解客户的目的。

对传统企业来说，电子商务已不再是单纯的网络推广了，而是渠道立体化的产业升级。要想做好电商，首先要重视数据，能否建立起设定数据目标、用数据进行过程控制、依据数据分析进行决策优化的数据化经营系统，将直接影响到电商企业的成败。

数据是原始和零散的，经过过滤和组织后才成为信息，所以数据是源头，是进行决策和创造价值的基石。大数据的应用价值和潜力不再被人们低估，但并不是所有企业都能真正利用好大数据。只有那些有重视系统，重视数据，拥有优秀的数据分析和系统人才的企业才会有所收获。

从电子商务诞生之日起，数据就是区别于传统商业的利器，因此，可以毫不夸张地说，数据的挖掘和应用将是未来电商的竞争力。

电商课堂：电商应该分析的几种数据是什么？

对于电商来说，分析一些数据能够帮助自己更好地了解企业的运营情况。那么，到底应该留意哪些数据？哪些数据才是最重要的？这里总结了有以下几种。

第一，获取用户的成本

作为一家电商企业，如果不知道每天有多少用户登录你的网站，登录用户和完成购买用户之间的比例是多少，以及吸引用户的成本是多少，那么你在这个行业也许不会存活太久。因为在电商领域有这么一句话，如果你不能分析数据，你就不能控制流量。

第二，未完成付款的订单

通过一些努力，终于把一些用户吸引到了你的网站上，于是，你更努力地为他们提供他们想要购买的商品。然而他们在点击了“购买”按钮后，被重新定向到付款页面，这时候用户却突然放弃购买了，这到底是为什么？这中间出了什么问题？这时候，通过分析未完成付款的订单，也许就可以让你了解到事情的真相。例如也许用户放弃购买的原因是页面不接受来自某地的订单。因此，未完成付款或是用户放弃购买的订单，应该是电商企业进行追踪和分析的数据。

第三，访客带来的具体价值

作为电商，也许你并没有计算过每一个访客平均为你带来多少收入？如果你能知道确切的数字，你就能将为网页吸引流量付出的成本设定在一个比较合理的水平上。

第四，广告投资回报率

很多电商企业为了增加收入，都会在网络上投放广告，但是他们却并不关注投放广告的投资回报率。如果能够收集相关数据，通过分销广告的投资回报率，就可以知道哪些渠道的广告投放效果比较好，哪些渠道效果不好。

第五，移动设备访问比率

作为电商企业，如果到现在还没有针对移动设备进行优化的网页，那就太落后了。电商企业应该分析一下到底有多少用户在使用移动设备浏览你的网页，以便为移动设备使用者创造一个好的购物体验。

4.5 用信息化武装自己

电商企业要想发展，首先应该使企业内部运作信息化。企业信息化管理的本质是加强企业的“核心竞争力”。客户信息、订单信息、交易信息等都可以实现信息化的管理，并且可以存放于数据库中随时被调用。信息化处理的结果便是节约人力成本，同时客户管理、数据结算、财务对账、进销存数据对接都可一一实现。可见，电子商务与企业信息化有着极为密切的关系，企业信息化是电子商务的基础。企业只有利用互联网来发展自身的信息化，才能适应未来的发展。

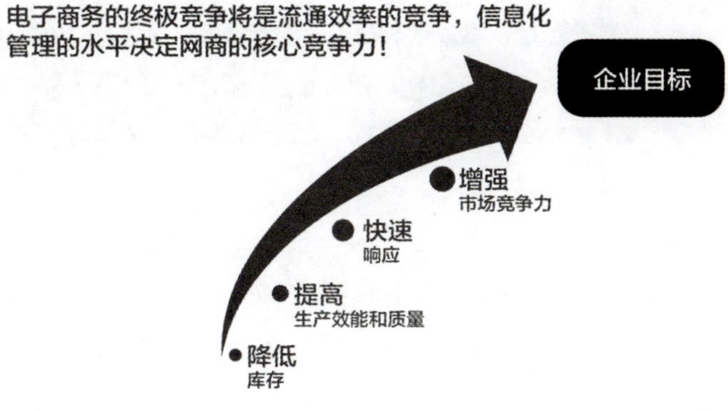

图 4-6

在当今社会，信息已逐渐成为一种重要的产品，例如包含有产品历史信息的数据库等，信息已成为企业的一项资产。

按国家相关政策法规的要求，企业要向诸如财政部门、税务部门、环保部门等政府有关部门提交越来越多的报告，以披露相关信息，在这种压力下，企业为提高效率，节省人力资源，迫切需要将信息处理与交换电子化。

信息化的建设需要较高的成本，不仅包括信息化系统的开发成本和维护成本，还包括信息化人才的培养和维持成本。由于人才具有一定的流动性，一旦其离开企业，将会对企业的信息化进程造成影响，企业应在信息化构建计划中对此制定有针对性的对策。因此，电商企业在信息化建设时，要对自身的实际情况进行切实的分析和总结，以建立适应自身发展状况的模式。

1. 电商信息化阶段规划

电商信息化阶段规划如图4-7所示。

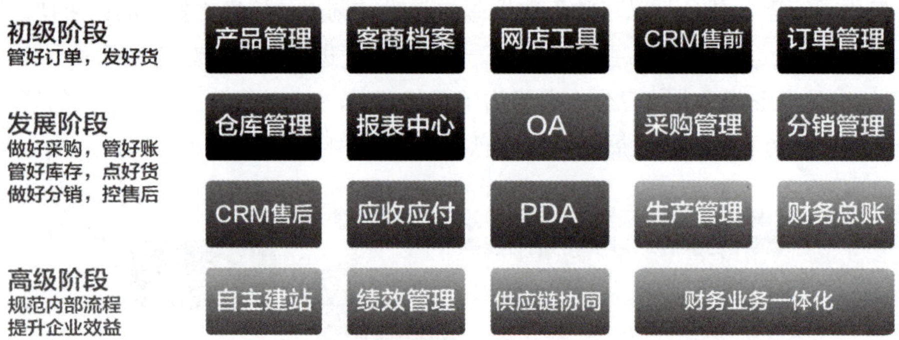

图4-7

电商企业的发展，往往都是从小做到大，一开始发货量很少，一天只有一二十个包裹，慢慢地发货量就会增加，从几百个包裹发展到上千个包裹，甚至上万个包裹，这个过程中，会经历以下几个阶段。

(1) 初级阶段：电商企业在初级阶段要做好管好订单，发好货这两件事。电商企业在初级阶段所面临的问题是发现新客户，带来一些爆发式的流量，通过爆发式流量把新客户积累起来，而这个时候最难做的事情是订单太多发不出去货。所以在初期，管好订单，发好货，是重点要做的事情。

(2) 发展阶段：电商企业到了发展阶段，要做好采购，管好账；管好库存，点好货；做好分销，控制售后。在这个发展阶段，其实是可以做分销的，同时要管好账，管好货，因为分销商要控制这些，但是最终一定要加强团队的管理。控制好采购，避免发生缺货的现象，这是企业在发展阶段要注意的事情。

(3) 高级阶段：高级阶段其实是数字化管理阶段，要规范内部流程，提升企业效益。在高级阶段开展品牌建设、SNS 营销，要把品牌做起来。这个时候企业重点要做的是内部流程建设和提高企业效率，其实核心还是在数字化营销方面，这个时候就要做好数据挖掘了。所以这时候要做到财务、业务一体化。

以上就是企业电子商务信息化的阶段规划，不了解这三个阶段，企业会投入过多，或者不知道方向。因为在各个阶段信息化的建设过程中，每个阶段重视的东西不同。

2. 搞好信息化建设

搞好信息化建设应从以下几个方面入手，如图 4-8 所示。

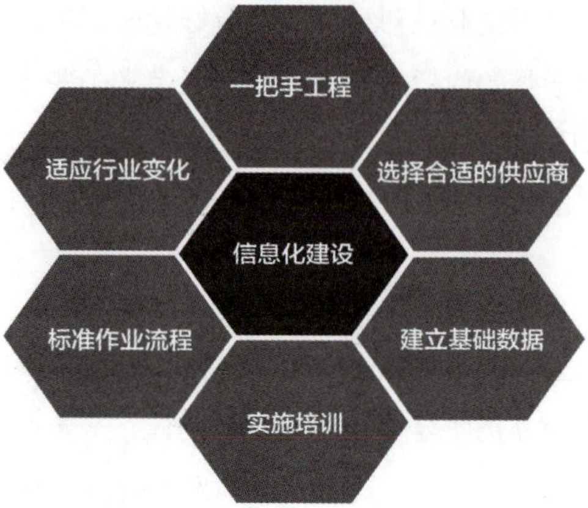

图 4-8

（1）一把手工程

“一把手”就是公司的运营管理者，电商企业一般都由老板亲自管理，否则公司很难顺利地运营下去。所以电商企业的老板不要把这个事情交给别人，可以让员工帮你做事情，但是你必须亲自监督整个过程，因为这是跟你的成本相关的最关键的因素，你必须清楚地了解公司的经营管理流程，如果这个流程不亲自把握，将会出现很多问题。

在优秀的电商企业里面，电子商务业务的最终负责人绝对不是部门经理，也不是副总裁，一定是企业的老板，也就是“一把手”。“一把手”是电商企业的直接负责人，只有“一把手”积极，电子商务业务才能做得好。而现在更多传统企业做电子商务，只是设立了电子商务部门，投资了一点钱，并没有想明白为什么要做电子商务。结果电子商务部门变成了整个公司的鸡肋，成为垃圾收容站，协调任何部门的时候都非常困难。因此可以说，电子商务是“一把手工程”，企业老板是企业做好电子商务最关键的因素。

电子商务业务的成败决定于企业领导者，其能走多稳、走多远，往往取决于企业领导者对电子商务的领悟和决心。电子商务要想健康长远地发展下去，需要得到集团内部的多方面支持，尤其是需要“一把手”的亲自管理监督。

（2）选择合适的供应商

电商企业在选择供应商的问题上，也要想清楚，应该在合适的阶段选择合适的工具来解决合适的问题。在做电子商务初期的时候，可以选择一些付费软件，一些小的免费的分析打印工具。熟悉流程后，你才能知道什么地方用什么工具。等到发货量越来越大的时候，再选择像 E 店宝这类中大型软件服务商来进行系统化的工厂建设和顾问服务。

（3）建立基础数据

建立基础数据，需要把基础数据的收集融入员工的日常工作中去。很多人不重视基础数据，在与客户聊天的过程中只知道关怀客户，而不知道收集基础数据。要学会收集基础数据，售后、售前、聊天等数据，都要收集，给客户发的调查问卷要收集数据，给客户的发货单要收集数据，等等，一切环节都要收集数据，因为基础数据的建立很重要。

很多企业不重视基础数据，甚至商品的条码都不愿意贴，不重视这些基础数据，到最后吃亏的还是自己。没有标准化的流程，到最后需要发货数据的时候，你只能干着急，什么也做不了。所以基础数据建设非常重要，产品的基础数据尽量完善到极致，客户的三个基本数据：手机号、常用的电子邮箱地址、QQ 号，尽量收集全。客服在与客户聊天的时候，尽量把这些信息都完善，以方便今后进行信息化管理。

（4）实施培训

企业要定期实施培训，因为员工会经常流失，发生变动，如果信息化流程建设做完了之后不定期培训，新员工慢慢就会原先的流程改变。所以流程建设完了之后要有培训专员，定期对流程环节进行培训。而且，电子商务趋势变化太快，客户的数量也变化很快，有的一年从 5 万变到 100 万，有的从 5 万变到 1000 万，不培训怎么跟得上变化？所以电商企业一定要定期培训。

（5）标准作业流程

电商企业一定要建立标准作业流程，流程虽然不能一成不变，但是一定要在一定阶段把它标准化。作业流程要标准，但是并不代表不变化，一个阶段或者每半年就要调整一次流程，但是流程一定要标准化。

在整个信息化的建设过程当中，一定要在一些关键的流程中，实施标准化作业流程，否则，在处理发货时很可能一个环节出错后就会摧毁整个流程。例如，订单打印不出来，其他所有的环节就会全瘫痪。

（6）适应行业变化

没有哪一个流程，哪一个工作方法是永远不变的，企业发生变化了，流程就要跟着改动，按照再造流程来进行改造。要适应行业变化，企业中必须要有一个流程再造师的岗位。如果没有，企业发生变化的时候，就会束手无策。

电商课堂：电商企业为何需要专业信息化系统？

目前，越来越多的电商企业和信息化系统，如 E 店宝的 ERP 系统，除在企业内部能提升管理水平和运营效率外，信息化系统给企业带来的另一个好处是能最大程度保证对用户的服务质量，助力企业运营效率和内部管理水平的全面提升。

因此，电商企业结缘信息化系统已经成为趋势和潮流，而电商企业结缘信息化,也或将成为日后与同行竞争的方式之一。这主要表现在以下几个方面。

(1) 电商企业数据、信息量承载巨大，普通管理模式已经显得落伍；

(2) 电商企业在服务质量、物流、人力资源等方面的需求巨大，信息化系统能提供一体化解决模式；

(3) 电商企业的运营流程和本身模式应用，需要信息化系统提供可行、可信任方案。

信息化系统对电商企业而言，不仅高效，而且服务水平质量有明显的提高，信息化管理提升企业运营效率和水平，也同时改善企业运营方式，因此信息化系统建设方案，目前已经成为大多电商企业首选。

4.6 不要烧钱去营销

据统计，在涉足电子商务领域的传统企业中，有 70% 都是以失败而告终。其中有很大一部分原因是他们不懂电子商务的营销。电子平台与企业现实中的销售店面截然不同，因此，必须用有效的营销方式获得尽可能多的用户。

电子商务的营销推广方式多种多样，当传统企业完成电子商务网站的转型后，企业所采用的推广策略也要发生改变。一方面，对绝大部分企业而言，其转型后踏入的是一个全新的电子商务领域，如果照搬以往的营销模式，通过投入大量广告费用实现在全体网民面前的资讯曝光无疑是一种浪费。以新浪、搜狐等门户网站的广告投放为例，动辄一天用几十万元的广告费用购买 CPM 的曝光率，和在线下购买电视台黄金时段广告时间的做法很相似，虽然理论上能够看到企业产品信息的受众数量庞大，但其中很大一部分的信息接收者原本就不是产品的目标受众，这时候，在这部分人群身上投入广告费用其实是一种浪费。

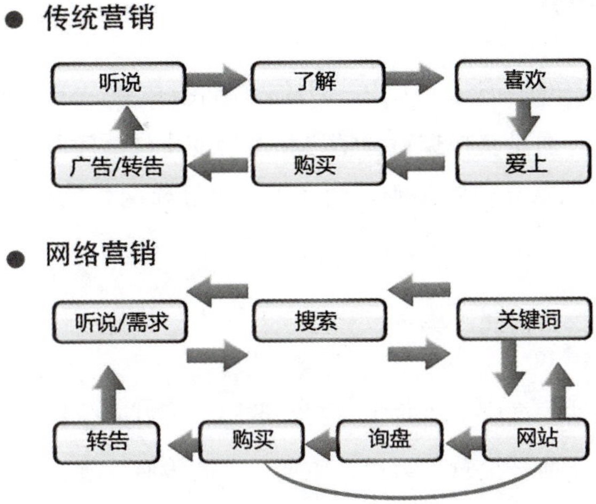

图 4-9

同时，随着互联网入口广告价格的飙升，电商企业获得新用户的成本也在大幅增加。很多电商企业在获得融资后，都会疯狂地将巨额资金砸进广告营销。这种不计成本的大手笔投入，目的只有一个：抢用户。但是，现在每家平台都处于跑马圈地的阶段，用户的忠诚度并不高，几乎所有的商家都在用低价策略争取用户。在这样的背景之下，电商企业应该使用何种策略增加用户的忠诚度，提高二次转化率或者多次转化率，已成为电子商务企业面临的重要问题。

1. 广告费上涨，如何选择营销入口

目前，各大流量入口的广告投放价格都有较大幅度的上涨。导航网站则从一开始的免费收录慢慢演变成收费收录，而且也开始学习百度的“竞价排名”模式，付费的网站就会有好的展示位置和时间，没有付费的只能被排到后边。搜索引擎、推广联盟、导航网站等营销入口的价格在飞速上涨，营销成本不断抬高，面对如此残酷的局面，电商企业应该如何应对广告价格的上涨呢？

（1）不要跟风投广告

目前广告市场中的“泡沫”太大，因此，广告投放要保守，不要跟风投广告，见别人投自己也投，而是要根据自身情况和市场变化灵活应对，把钱花在该花的地方，例如主要和几家导航网站确定合作关系，导航网站的ROI（投资回报率）相对来说还是比较高的。

（2）只投放价格合适的广告

现在导航类网站的推广费用每个月都在调整，最好看价格合适就投放，不合适就不投放。对于任何一个营销渠道，主要看其有没有发展前景，如果有，就可以进行广告投放，但是不要去抢不需要的位置。有些平台资源虽然企业拿下来了，但是消化不了，反而会把企业搞得很焦虑，不如挖掘新的媒体，而且这将成为一种趋势。

（3）用精细化管理跟平台入口价格抗衡

企业前端做营销的成本在不断提高的同时，其实也是对企业后端运营的一种挑战。例如在平台入口处商品品类的选择，摆放什么样的商品，如何提升后续流量的转化率、回访率，这些都需要企业在很多地方做到精细化。因此从某种程度上来说，可以用这种精细化的管理跟平台入口价格的上涨做抗衡。

2. 线下营销如何走出新路

电商企业的营销攻势已从线上开始渗透线下，例如地铁站中的广告牌、电视广告等，向线下延伸并非不好，但如何才能走出一条真正适合电商企业营销之路，是需要好好思考的。

（1）注重品牌

客户往往是先入为主的，因此品牌在未来会变得更加重要。对电商企业来说，线下广告有时确实是无法衡量出效果的，而且很难持续，但是对于品牌的提升却是现实的，不像线上广告是虚的。另外，线下广告所覆盖的人群基本上与线上广告所覆盖的人群是互补和相互交错的，其最理想的状态是：客户下班后在电视上看广告，而上班时则在网上看广告。

现在，有些电商企业开始做线下推广，其实首先还是要注重自己品牌的建立。过去，客户上网买东西是因为网上的商品价格便宜，但现在他们更注重的是服务。因此，建立品牌这件事情还是早做为妙，可采用口碑营销，也可以线上、线下配合互动，以及通过电视及户外媒体等塑造品牌。

（2）做到精细化程度

当企业选择在各种线下渠道进行品牌推广时，一定要考虑到企业的运营服务是不是能跟得上，否则新来的客户是不会轻易下单购买的。我们经常会发现：一些电商企业其实在户外也做了不少推广工作，但依然不够精细、例如促销商品卖完了，但广告却还在投放，或者在某个地域压根就没有配送服务，从而加大了客户购买的难度。这些其实都是一种粗放的推广模式。因此，电商企业在寻找各类新媒体进行推广时，其实也需要一种新的管理模式以跟得上推广。

3．如何实现二次转化率

做电商，不但要开发新客户，更要想办法营销品牌、留住更多的老客户。二次营销就是留住老客户的好方法，实际上是对相同的客户在不同时期、不同地点的不同需求的管理。如何在增加新用户的同时黏住老用户，实现二次转化率，这些都是电商企业需要面对的现实问题。

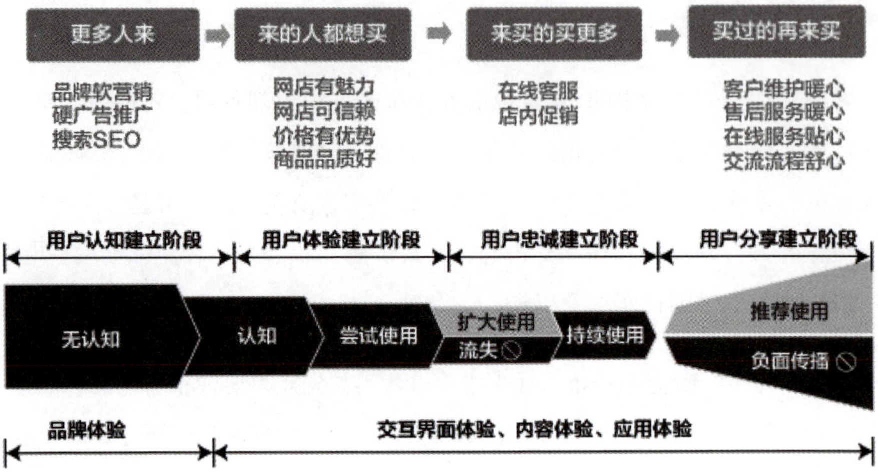

图 4-10

（1）增加产品品类

优化营销效果还是要靠产品。例如某网站一开始只经营衬衫，店铺中大多数都是新顾客，销售成本很高，怎样提高产品的价值，怎么样提升新用户的转化率，都是其需要面对的问题。后来该网站发现其顾客还有买裤子的需求，因此就开始通过开发裤子等新产品品类来吸引客户二次购买。后来，店铺中又上线了很多 T 恤衫、鞋类等新品类，其实也就是希望通过增加这些品类来吸引用户。其道理很简单，产品吸引力是可以提高营销关注度的。例如顾客买运动鞋，是因为要运动，但是又不可能一年买好几双运动鞋。这时候，可以提供给顾客差异化的服务，也就是增加产品品类，例如增加休闲鞋、登山鞋等，这样就有可能为店铺带来更多的二次转化。

（2）让服务令客户满意

转化率对电商来说很重要，它存在很多环节中。如果顾客已经购买过一次了，那么要把他变成一个老用户，最好的方式就是让他对店铺中的服务满意，这是基本要素。因此，要提升新用户的转化率，最主要的还是服务。

（3）提高产品性价比

如果你的产品性价比好，用户群喜欢，他们就会买，所以说产品本身是提高用户转化率的核心。如果一个用户在一个网站中总是能买到性价比高的产品，那么这个用户就容易养成在该网站上下单购买的习惯。

电商课堂：新老客户的营销策略有什么不同？

客户分为老客户和新客户，老客户认的是效果、口碑或者习惯；新客户认的是新鲜、好奇。如果不区分新老客就盲目做营销，老客户就会抱怨："我经常来买东西，你就给我看这个？"新客户也会抱怨："我刚来什么都没明白，你就让我当'冤大头'？"

因此，针对新老客户的不同，也要采取不同的营销方式。

1．老客户侧重关系维护

维护老客户常用的途径和办法介绍如下。

（1）发展会员：将会员分为普通会员和VIP会员，不同的会员享受不同的购物折扣，会员可分为付费会员和非付费会员。

（2）购物积分：这是维护老客户时普遍应用的方法。每次根据顾客所购产品的价值赠送不等的积分，积分累加可以享受不等的购物优惠或者是积分兑换等。

（3）返送购物券法：购物时根据购买产品的情况赠送不同价值的购物券，供客户下次购物使用。

2．新客户侧重营销

(1) 新顾客是一笔财富，能给电商带来更多的新顾客。首先要增加用户体验，让客户产生信赖感，然后可以在个性化营销上下工夫，这样一来就能赢得客户推荐的机会。

(2) 要重视包裹的营销效果。例如可以印刷一些相关搭配套餐的宣传资料加入到包裹中，相关内容在产品上要有所区分。尤其要注意，发货地址里有大厦、中心或公司信息的，可以多增放一些宣传资料，以此增加资料在办公室中传阅的机会。

(3) 新会员首次交易成功后，可主动给他们发送一张优惠券，下次购买时可以抵用消费金额，同时用旺旺或者短信通知到位，关怀新会员，刺激其回购。

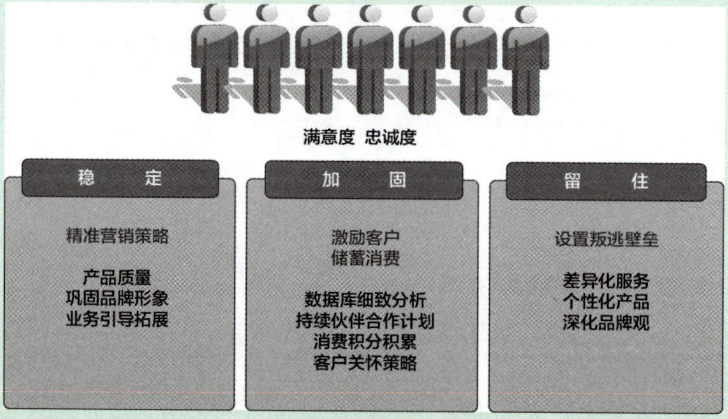

图 4-11

第 5 章

仓储物流，电商背后的力量

在中国我听麦肯锡的专家说，找到一家零售企业占到这个行业 20% 的份额，似乎没有。这个 20% 是个重要分水岭，当你占到 20% 的时候，你就卖规则了，你就有定规则的权力了。

——当当网总裁　李国庆

5.1 流程是固定的，也是变化的

流程是企业管理的核心，电商企业都需要有流程再造工程。企业从开始萌芽到最后消亡，一定会经历一个复杂的过程，人数和经营状况都会不断发生变化，所以企业没有固定的流程，在某一个阶段和某一个点上，流程也许相对会稳定，但是从长期上来看，流程是在变化的，所以流程再造非常重要。流程再造的规律是什么？不同的阶段需要制造流程的要素是什么？下面是企业大体遵循的流程再造规律，如图5-1所示。

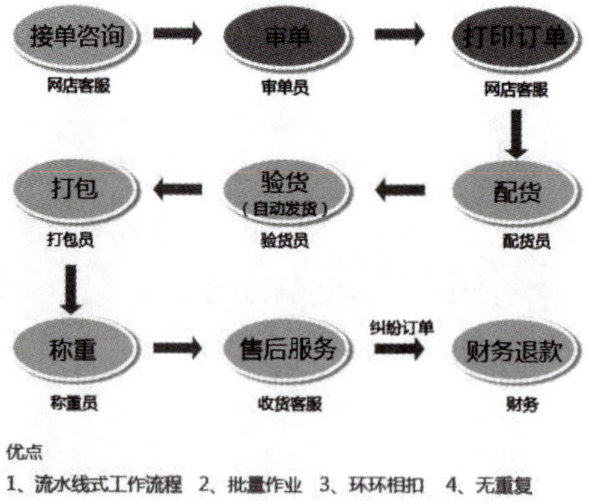

图 5-1

1．客服接单

电商客服是一个非常重要的岗位，他们是承载着售前咨询、接待客户的投诉、受理订单业务、与客户直接联系的一线业务受理人员。作为承上启下的信息传递者，客服还肩负着及时将客户的意见和建议传递给其他部门的重任。

对于客户来说，在网上看到的产品都是一些图片和文字描述，既看不到商家本人，也看不到产品本身，无法了解各种实际情况，因此会对这个产品产生怀疑。但是，如果在这个时候客服与客户进行交流，通过客服良好的引导与服务，客户可以更加顺利地下单。因此，在电商企业中，客服的作用是非同小可的。

但是，大多数电商企业的客服都没有经过专业的培训，业务能力不高，甚至存在很多问题，直接影响了客户的下单。比如有的客服回复客户信息的速度非常慢，试想，诸多行业的同类店铺有成千上万家，如果信息回复慢，客户是没有时间等待的，他会马上关闭网页去其他的店铺进行咨询。此外，他们还不懂得把握引导时机，尤其是在流量非常大的时候，在客服环节丢失的有效信息量更是非常巨大的。

因此，为了避免客服出现这些问题，一定要对其进行专业的培训和管理。当然，客服培训需要投入很多成本，这是许多小电商企业所难以承受的。但是如果在有耐心、确保人员不会流失等情况下，做好培训，会带来事半功倍的效果。

2．审单

客户的订单需要审核，因为它们经常是五花八门的，例如经常会出现这样的情况，有的人是给自己的亲朋好友买的产品，收货人不是自己，要发给亲朋好友，收货地址在备注里，和账号设置的发货地址不一样。这是一种情况。

还有另外一类情况，例如一个客户拍下 A 商品，但是他又说不要了，要换 B 商品，而且必须发顺丰快递，否则退货，等等。

所以，客户的订单各种各样，无法依靠系统自动审核，这时候审单的意义就体现出来了，它可以帮助企业避免产生很多不必要的成本和风险。

3. 打印订单

打印订单是电商企业的主业务流程，所以在这个过程中所有的环节都必须做到细致。如果哪一个环节做错了，将会导致整个体系的崩溃。打印订单的时候最好使用工控式打印机，尤其是在举行促销活动、订单量大量增加的时候，使用工控式打印机平均一个小时可以打印 3000 个订单，而普通的打印机打印速度很慢，并且很可能打着打着就坏了，这会很耽误工作。

例如在每年“双十一”促销活动期间，订单大量增加，但是偏偏这个时候打印机烧坏了，这就会带来意想不到的麻烦，让你束手无策。所以现在已经有好多公司开始与快递公司合作，通过热敏打印的方式来代替原来速度很慢的针式打印机。

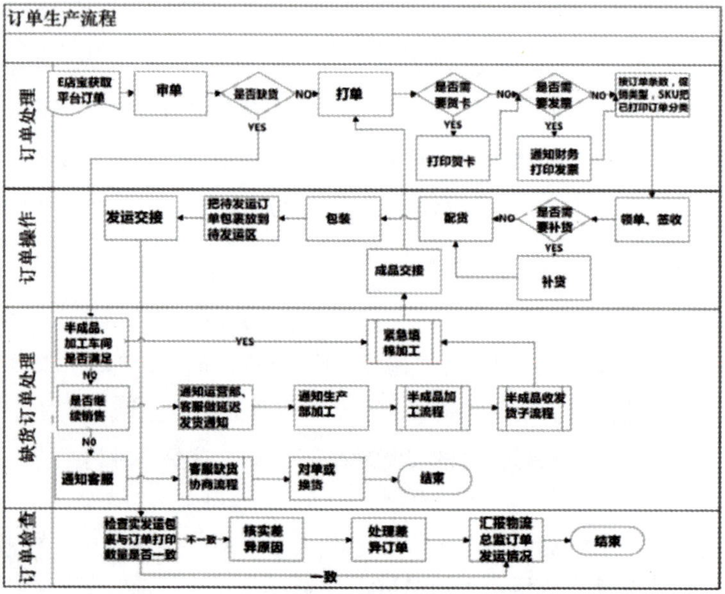

图 5-2

4. 配货

配货就是去库房里根据某个客户的订单，挑选出货物并打包成一个包裹。配货要讲究效率，例如有一个客户只买了一个杯子，别的什么也没买，这种情况很多，而且有大量的客户只买了一件商品。在这种情况下如何配货？有一个提高效率的方法，就是把所有买同一类产品的订单找出来，例如有 1000 个客户只买了这个产品，就把这个商品找出来，这样这些订单可以同时配货，并且工作效率也会大大提高。如果订单中夹杂其他商品，配货效率会不会下降？答案当然是肯定的，所以配货要用合理科学的方法。合理科学的配货路线、配货方式能够大大提高配货效率，降低配货员的工作量。一般来说，配货有以下 3 种方法。

摘果法：配货员拿着发货单或快递单（快递单上有货品编号等内容）一单单地进行配货，配完第一单所有的货，再去配第二单。

播种法：配货员拿着配货汇总单，将所有需要配的货不区分订单地从仓库拣出，拣出后再到分拣区，按发货单或快递单一单单地进行二次分拣。

摘果＋播种法：配货员拿着分单配货汇总单，同时配多个订单都有的货，一次性配完一定数量的订单。

这 3 种配货方法各有不同，在实际应用的时候究竟选择哪一种？

第一，如果仓库货区面积不大，在 200 平方米以内，任何一个订单一人就可以完成配货，这样的情况适合使用摘果法。

第二，如果仓库货区面积大，有上千平方米，并且有明显的分区或者有上下两层楼，一个订单往往需要两个人同时去配货，那么适合使用播种法，例如楼上有一个人专门配所有 A 区需要出的货，楼下有一个人专门配 B 区需要出的货，然后将各自配的货汇总到指定的分拣区进行二次分拣。

第三，如果仓库面积不是太大也不是很小，一个订单的配货一个人就可以完成，不需要花太多的时间来回奔走，而且各个订单之间商品重复的比例比较高（即订单 1 中有 A 商品，订单 2 中也有 A 商品），那么采用摘果 + 播种法比较适合。

当然，对于提高配货效率，货位的布置也有很大关系。配货员无论按哪种方式配货，最高效的方式都是按货位顺序来配货。结合单据打印所支持的货位顺序排法，对于仓库中的货位设置有以下两点建议。

(1) 仓位编号应该精确到具体货架，这样仓位编号至少包含三项内容：货区、货排、货架，比如 A 货区第 4 排第 12 个货架上的商品，其仓位就可以设置为 A412。对于仅通过快递单货品编号来配货的商家，建议其商品的货品编号体现仓位信息。

(2) 使用 1S 和 2S 配货路线下的仓位设置方法如图 5-3 所示。

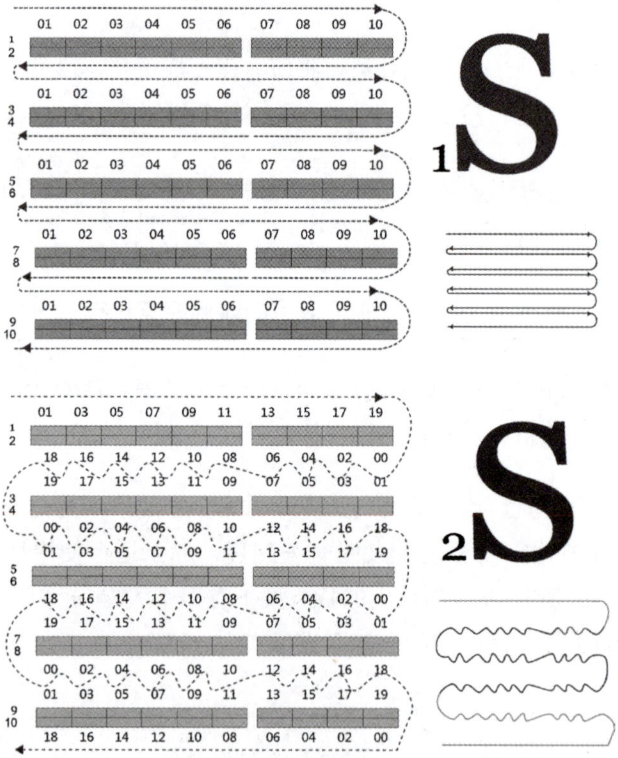

图 5-3

图 5-3 中展示了 1S 配货路线下的仓位设置方法，该方法比较合理，但有一个缺点：在配货的过程中，按照单据上的仓位顺序需要在同一货道上走两遍，例如在第 2 排和第 3 排货架中间要走两次。那么在此基础上，为了不走回头路，可以采用 2S 配货路线。

从图 5-3 中可以看出，2S 配货路线下的仓位设置与 1S 配货路线下的仓位设置的一个主要区别在于，2S 中的货排编号不是针对具体的货架排进行编号的，而是对两个货架排之间的过道进行编号的，相对 1S 而言，其不走回头路的特点保障了配货效率更高。

5. 验货

发货前要验货，检验这个商品是不是与用户实际购买的一样，要不然弄错了就麻烦了，多发、少发、漏发，都不行，所以必须要验货。验货需要条形码。一般来说，商品上要有条形码。如果商品上没有条形码，要做到快捷地发货则根本不可能，所以商品必须使用数字化的条形码。

6. 打包

打包要讲求速度和质量，比较难打的包裹，每人每天大约能打 30 ~ 50 个。正常的包裹每人每天能打 300 个，有的人一天能打 1000 多个包裹。所有需要打包的商品提前准备好，就可以很机械化快速地打包。打包也很重要，打不好就会成为整个流程的障碍，因为打包打得不好，就不能发货。打包还有各项标准，例如填充物要标准，商品的外包装要标准，打包的绷带要标准，甚至在打包的过程中还要放上促销品、宣传单、联合营销单等。打包不是简单的事情，要重视。

7. 称重

打包之后还要称重，不能不称重就把包裹发出去了。打包完毕之后包裹是有重量的，需要称一下，因为两件衣服和 3 件衣服的重量是不一样的。当客户买了

3 件衣服却告诉你只收到两件的时候，包裹的重量就是证据，你可以告诉他，当时的称重结果是 3 件衣服的重量。

称重还有一项作用，就是在与快递公司结算时会用到。当发货量少的时候，快递公司按件结算，但是当发货量巨大的时候，快递公司就按重量结算，而且快递公司往往是向上取整算重量。例如 21.5 斤按 22 斤算，还有按 30 斤算的。所以称重环节也不能马虎。

8. 售后服务

做电商，遇到退换货的情况是很常见的，尤其是服装类的商品。服装类商品的退换货率非常高，有时候会达到 20% ～ 30%。很多客户买了衣服收到后，发现尺码不合适或实物与照片不符，例如买的衣服是红色的，发过来虽然也是红色的，但是比他想象中的那个红色要浅，因此要换货，所以服装类商品会出现大量的退换货现象。

售后部门处理这种问题十分麻烦，因为有的客户穿过了才发现衣服不好，衣服退回来后，条形码也撕了，包装也撕了，还要求必须得退，不退就给差评，最后进入纠纷订单，完成财务退款。

如果售后部门能妥善处理这些问题，让买家在愉快的过程中完成了交易，当买家需要再次购买同样商品的时候，就会倾向于选择他所熟悉和了解的卖家，从而可提高店铺的销量。

电商课堂：优秀的电子商务流程有什么样的特点？

优秀的企业管理其实是一个能够自动运转的系统，类似于机器一般的一环扣一环自行运转的体系。这个主流程是每天都要发生的流程。在建立整个商务流程时有以下4个特点。

第一，流水线式的工作流程。在内部操作环节上，一定要有流水线式的工作流程，如果你觉得某个环节效率不高，说明你没有把作业进行流水线化。必须把每一个流程都流水线化。例如，发单量大的时候把复杂的环节拆分成多个人协作的流程，就像将打印订单和发货单分成两步做一样，这样就形成了流水线。

第二，批量化。把可以集中处理的单据或操作集中作业、批量作业，这样会大大提升整体流程效率。例如，举行促销活动的时候，把只购买某一个产品的订单批量打印出来，集中配货，集中验货，会大大提升效率。

第三，环环相扣。工作流程要环环相扣，就是你在设计流程的时候，有没有觉得自己的员工笨，如果有就说明你的作业流程有漏洞。所以必须用一个环节去校验其他环节，如果流程中不存在这样一个校验环节，这个流程将会带来严重后果。可能发货时会多发、错发或者漏发。

第四，无重复。很多电商企业中存在大量的重复性的劳动，配送人员经常先打印配货单再打印快递单，商品先点数入库上架，再检查质量……其实这些动作完全可以同步。所以一定要检查每一个环节是不是属于重复性的劳动，如果有，要解决这个问题。

案例：流程检验——商品放篮子里还是放塑料袋里？

有一个卖服装的电商，他的出货流程是这样的：每一个货架上都摆了一个塑料袋，他的员工拿着配货单去配货，配完货就放在这个塑料袋里面，把配货的单子也放在里面，然后有人来收这个塑料袋进行验货。验货的人从里面找单子，找到单子后扫描一下，看有哪些商品，然后再扫一下商品，看是不是这个商品，如果是，再装回去，交给下一个环节，接着将商品打包。想想看这个环节有没有改进的余地？

分析：其实这里有一个问题，这种工作方法的效率很低。问题出在哪儿呢？重复过程。这种工作方法等于把袋子里的商品装进去又拿出来，这个问题看似很简单，但是非常严重。怎么解决呢？将塑料袋改成购物篮，这样取放货物就方便多了，减少了一次重复劳动整体效率就提高20%了。

因此，在配货的过程中，一定要亲自走一遍流程，看一看这个流程中有没有错误，这是流程再造。流程有问题将会带来大量的重复劳动，大量的差错，严重低效，所以要避免这些问题的发生。

5.2 别把仓库当成杂货铺

仓库管理指的是对仓储货物的收发、结存等活动的有效控制，其目的是保证仓储货物的完好无损，确保生产经营活动的正常进行。对电商企业来说，仓库的管理非常重要，尤其是在经营的初期，如果管理不好，商品乱堆放，无秩序，就不能准确地统计库存，不能有效地发货，容易出现漏发、错发的状况，而且还会导致工作效率低下。

而如果仓储管理得好，就会收到良好的效果，仓内的作业可以支持巨大的发货量。因此，仓储管理一定要规范化，并且要不断地调整，达到最优良的模式，这样才能促进企业的发展。

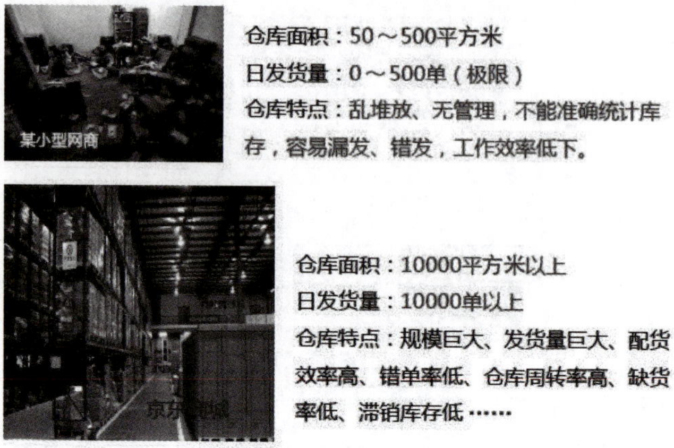

图 5-4

专业化的仓库管理包括人员管理、商品管理和设备管理。

专业化管理出效益

1. 人员管理：KPI、奖罚、流程、分岗（配货、验货、打包、称重、采购等）
2. 商品管理：条码、分区、分拣、货位
3. 设备管理：货架、打印扫描设备、无线PDA、条码机等

库存零误差，商品高周转

图 5-5

1. 人员管理

（1）傻瓜式配货

什么是傻瓜式配货？傻瓜式配货就是最简单的一种配货方式。配货员打了订单，直接去 A 区拿 A 商品过来就可以了，即使配货员不懂这个商品是什么也不要紧，也可以完成配货。

傻瓜式配货的效率非常高。当店铺举行促销活动的时候，一定要采取傻瓜式配货。举例来说，店铺在举行促销活动的时候，可以不增加客服，大不了减少客户的接待量。但是，货却不能不发，因为不按时发货会得到差评。但是，这时候仓库里只有 10 个人，现在发货量一下子从 100 个包裹增加到了 1000 个包裹，怎么办？这时候就需要将员工增加到 100 个人来发货。

如果不采用傻瓜式配货，则新人来了，也许根本不认识某个商品，这就很麻烦。如果采用傻瓜式配货，则新人直接去某个货位取某个商品就可以了。所以店铺举行促销活动时务必使用傻瓜式配货，否则将严重影响工作效率。同时，采用傻瓜式的配货，错发、漏发的情况也很少，几乎为零，因为有电脑化的验证过程，同时库存的周转率也会非常高。这样一来，缺货率和滞销库存也非常低，这就促进了仓库管理的良性循环发展。

（2）人员精细化分工

在很多电商企业的仓库里，都会出现这样的情况：配货员拿着几张订单仰着头，满仓库找货，你走过来，我走过去，时间白白耗掉了，这就是没有对人员精细化分工的结果。货品不断更新，仓位不断优化，员工不能一步到位地找到货品，怎么能提高效率？

如果人员管理混乱，没有分工，仓库里一堆人，能打单的去打单，能配货的去配货，能验货的去验货，最后一定会出现混乱不堪的局面。所以在仓内人员作业方面，一定要加强管理，要细化和量化到个人。

（3）绩效考核体系

要让仓内管理流程自动运转，高效、激励性的绩效考核是至关重要的。而电子商务的绩效考核指标与传统商务是有差别的。如何设定电子商务绩效考核指标？要统计配货的人每天配了多少货，验货的人每天验了多少货，打包的人每天打了多少个包裹。店铺举行促销活动的时候，只是高喊让大家都来加班是没有效果的。要把他们分成小组，奖励每个小组前两名最优秀的员工，这样就能起到激励的作用，促进员工的工作积极性。

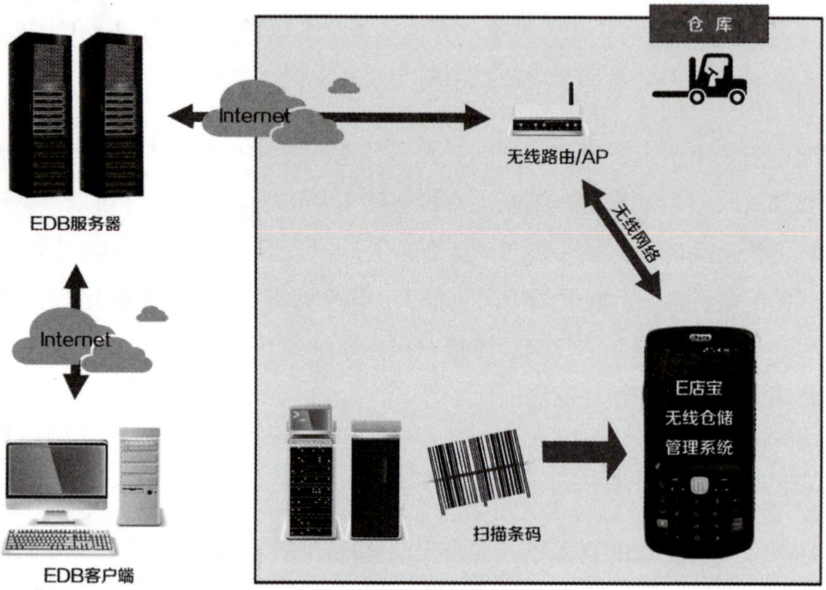

图 5-6

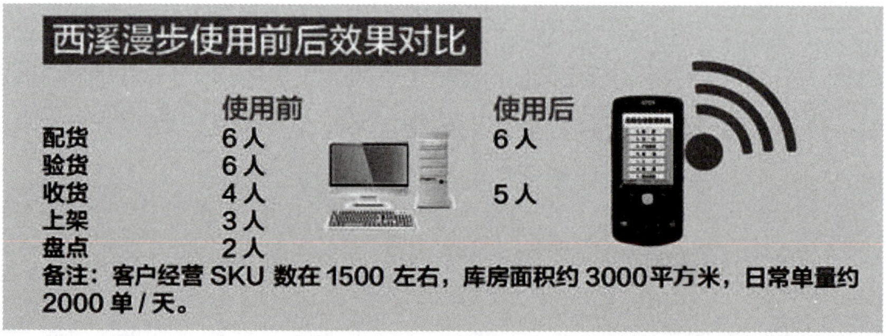

图 5-7

客服	1.客服（80~150单） 2.售后客服（30~60单/小时）
仓库流水线	1.打单员（600~1400 校验+订单+发货单） 2.配货员（配1000~2000个商品） 3.验货员（验3000~6000个商品） 4.打包员（打包300~800个包）
仓库管理	1.仓库主管（千分之1~5个盘亏赢率） 2.条码管理员（贴3000~12000商品） 3.入库检验员（验6000~12000商品）
采购	产品采购管理员（100个新品需要3个小时）
客户关系管理	客户经理 客户专员
支撑	美工 策划 拍摄 模特

管理结果：绩效更合理 ，员工更积极

图 5-8

有不少仓储管理系统缺少对人工管理及绩效的考核，或者是缺少对人工管理这一功能的衔接，这一点是需要注意的。

案例：中小电商如何盘活仓库

一般来说，日常订单在 100 单以下的卖家，大都能够通过人力因素管理好库存，操作好发货过程。但是日均订单超过 100 单的卖家，特别是在不可预知的促销活动来临时，会出现因打印机坏掉、面单换错、系统出错、库存不足、操作人员疏忽等发不出货或漏发货的状况。其原因有两点：一是人员配置不足，二是仓库管理和发货无明确的规章流程和应急机制。因此，中小卖家在对仓库进行管理时一般要注意以下 5 个问题，才能较好地盘活仓库。

1. 人员合理分工和调配

人员合理配置非常重要。人员配置合理，才能保障有序发货。

基本方案：配置 4 个人，满足基本需求，人员工作饱和，流程顺畅。

- 仓库主管:1 名。精通仓库管理，熟悉淘宝订单流程和发货各个环节，负责更新库存到系统，组织盘点，审核报损，建立和监控流程，打印条形码。其日常工作主要是单据处理，统计报表，以及在必要时协助其他人员。
- 订单处理:1 名。审单、打单、查件（对接客服，一般是跟踪发货进度，换货、问题件和疑难件等的查询和追踪）、处理退换货。
- 发货员：2 名，共同负责理货、配货、打包。

2. 硬件配置要物尽其用

要配置恰到好处、物尽其用的软件和硬件。

- 选择合适的仓库布局。根据商品包装大小、商品热卖程度、扩展性和库位相结合，合理利用空间来确定库位分区、工作区、通道等。

- 配置必要的设备。其中包括但不仅限于4台计算机、多功能验货发货工作台、对应的验货设备、条形码采集器、条形码扫描器、电商ERP系统、打印机、包装袋、整理工具、打包工具、称重工具、条形码打印机，以及对应的各类纸质耗材。

3. 入仓理货要仔细

入仓工作包含质检和理货，按以下两步走。

(1) 入仓质检，包括样板和大货质检。建立专门的样板阵列区。采购人员应在入仓货品（俗称大货）到达仓库前送达样板（通常指最后生产和上架销售的样板，用于提前拍照片），并在收到样板时通过系统中的商品资料进行核对，一般是对照图片和规格细节、颜色、尺寸等，确保样品无误。大货到时，清点收货总量及明细。

目标：①避免发货员不熟悉货品导致发错货，特别是部分外观相似的产品。②降低退款率。

退款率：包括客户不想买了（未发货）、卖家提供七天无理由退换货服务、发错货、延迟发货、次品等原因产生的退货。例如某公司要求退款率≤3%，那么发错货和次品各允许出现的范围是月均≤0.5%。公司可根据退款率的构成，算出各种因素的估值，从而设定一个合理的考核值。

(2) 入仓理货。确认商品总数无误后入仓，接下来的工作是仔细验货和上架。

- 验货。根据发货需求，首先查验急需发货的商品，其次是根据工作时间灵活协调验货数量。验货可由 3 ～ 4 人操作，分拆包、验货、贴条形码、挂吊牌、标注次品、成品打包、成品统计和上架等环节。服装类产品一般是验色差、对称度、材质、车工、印染等，一些类目的商品需要验成分和重量或使用有效期等，每个行业都有对应的一套规则和设备，部分公司需要财务部门派会计参与。

  另一部分条件成熟的卖家可将此工作前移到工厂，如果对产品有信心可抽检。根据采购人员或者供应商提供的信息，由仓库主管打印相应数量的条形码，准备相应的吊牌、包装袋等。必须严格按照 SKU 或者 SPU 的概念来管理商品，即首先需要商品资料管理系统，一般由 ERP 软件和条形码系统构成，其次各个环节需要严格按照条形码进行作业，无条形码不入库，无条形码不出库。

- 上架。上架包括：一是将成品置入指定库位；二是将验货表、成品部分更新到系统和手工报表中；三是将次品退回工厂；四是将验货中出现的问题及时反馈到商品部门。

- 标准流水线验货台，根据不同类目需求配备验钉机、色差灯、线头处理工具、问题标签、毛刷、包装袋等，验货台还可设置为多功能工作台，兼具发货打包功能。

- 库存量大，或者盘点人员少的仓库，为了提升效率和降低出错率，推荐使用手持移动条形码采集器，其市场价约为 1200 元。通过直接扫描条形码，可以导出条形码统计库存，条件好的还可以采购带无线传输功能的采集器，直接和系统相连接。

4．库存管理要重视明细

库存管理的原则是进出有单据、报表，一切档案整理入库，定期盘点。

(1) 进出有单据。所有商品的入仓和出库必须对应发货单和明细，无论是正常发货、向外借货、退厂、报损、遗失，还是店长特批出货送礼等。每天收到的退货和换货商品，应填写相应单据，加上每天发出的快递单、发货单，按天整理好分类。建议购置类似超市中的储物柜来放置快递单和发货单，每天一格，共 31 格，下个月清理上个月的单据，按月封存。另设柜子按天放置退换货单据，定期处理，便于查询。

(2) 提供明细报表。根据单据明细，在系统中自动或手工增减库存，另外还要在手工 Excel 报表中进行手工增减库存，手工报表一般为 SKU 的格式，但要精确到最小单位，例如尺码。下班时做到出入库登记，设置好公式，即可查看某个商品某个款式某个颜色某个尺码的精确库存（这个报表比系统更加精准，因为系统中会存在多店铺多订单库存和释放库存形成的动态数据）。

(3) 定期盘点。每月的最后一个周末应组织一次盘点，或者在促销活动来临前进行盘点，盘点时因库存保持静态即不发货，最好在凌晨 3 ~ 5 点更新系统库存。如果有强烈的精准库存需求，则首先是处理更新库存前的订单，打印出发货单，然后用盘点库存减去发货明细，即更新库存。不过这也只是理论上做到相对精准，例如还有退换货的货品及在途货品等不能精确统计。

5．做到熟练拣货发货

仓库发货的工作只是仓库工作的一部分，按照店铺和时间优先顺序，审核好订单，然后打印发货单和配货单，配货打包后即可完成发货工作。这个流程相对要简单一些，有以下 3 个要点。

(1) 使用订单处理系统，多店整合库存和订单。例如E店宝的系统就是通用的，其具有强大的订单和WMS仓库管理系统能力。

(2) 日常订单、审单者须熟悉快递网点。基本上每家网点都会选择与一家快递签约以节省物流成本，但顾客对快递有个性化需求，除营销部门应该有明确的政策外，打单、审单的人员也应该熟知快递网点，按先主签约快递后次签约快递的顺序选择使用。例如有些打单人员为了简单，一次性把所有订单都用申通快递的单子打印出来，对于申通快递送不到的包裹，后期的转件、退件、改发都在时间、资金及顾客好感上造成了损失。打印订单前期要求打单人员熟知快递网点，达到熟练的状态后，效率会高很多。

(3) 小件物品设置拣货篮。小件物品例如化妆品和女装类容易出现配错货，多单混杂等，这种情况可配置拣货篮。打印面单结束及分好单后，拣货人员手拿快递单和发货单，拣好对应商品后全部放入一个篮子里，避免混杂，例如有些雪纺衫，顾客有时候会买两件，如果配货员按叠拣货，打包时很容易拿错货，使用篮子可有效避免人为出错。如果按流水线发货，最后一个环节按ERP系统如E店宝的条形码扫描验货严格执行，那么也将有效降低出错概率。

(本案例参考自《易观网》相关文章。)

2. 商品管理

(1) 货位

在超市里，大部分产品在货架上的摆放位置基本都是固定的，这就是货位的概念。货位系统也是随着B2C行业的逐步发展，随着业务的需求，一步步地从简单到复杂发展而来的。

货物的位置摆放应该遵循以下两个原则。

第一，根据销量大小来摆放。销售量大或者促销的产品，应该摆放在靠近仓库出口处的货架的中间位置上。之所以不把靠近仓库出口处的货架都摆上销售量大的商品，是因为放在货架中间的货物不需要拣货人弯腰或踮脚，有利于快速拣货、出货。销量小的产品放在货架的最下层或最上层。此外，促销产品和畅销产品到底谁占据最好的位置，也需要卖家根据自身情况去决定。不过其大致准则是一样的：将出货量大、体积较大的产品摆放在接近出口的位置。

第二，根据产品性质来摆放。仓库中储存的每一批物品在其物理和化学性质、来源、去向、批号、保质期等各方面都有独特的特性，仓库要为这些产品确定一个合理的货位，把具有同一类物理性质的产品摆在一起，既要保证保管产品的需要，更要便于仓库的作业和管理。

（2）存货方式

货位存货方式主要分为固定型和流动型两种。

固定型存货方式是利用信息系统事先将货架进行分类、编号，并贴上货架代码，各货架内装置的产品事先加以确定。在这种方式管理下，各货架内存放的产品是长期不变的，这样配货比较方便，因为只要第一次将货架编号，以及将产品代码输入计算机，就很容易掌握产品出库及入库动态，从而省去了不断进行库存统计的麻烦。

同时，在库存发出以后，利用信息系统能很方便地掌握账目及实际的剩余商品在库量，及时补充库存。一般来讲，固定型存货方式适用于管理非季节性产品，重点客户的产品，以及库存产品种类比较多且性质差异较大的情况。

流动型存货方式指所有产品按顺序摆放在空的货架中，不事先确定专用的货架。这种管理方式由于各货架内装载的产品是不断变化的，在产品变更登录时出现差错的可能性比较高。季节性产品由于周转比较快，出入库频繁，比较适合流动型存货方式。

(3) 条形码

条形码是产品的唯一标识，产品必须用条形码。因为无论在检验商品的时候，还是跟踪商品的时候，条形码都是唯一的标识。验货的时候验的是条形码，检查这个条形码对应的产品是不是这个客户订单中的产品，产品临时出库做质检也是验条形码，平时盘点时也要用条形码。所以产品在出货的时候，条形码必须是第一要素，一定要设立公司的条形码体系。

(4) 分区

仓库里要有良好的分区规划，要有大货区，不要把所有的产品都放在一起，比如某件产品采购了一万件，就全部摆在一个货架上，这样是不科学的。要把大货放在备货区，备货区和销售区要分离，销售区要尽量小一点，这样配货员不至于配一件货要跑一大圈。同时，要根据产品的热销程度，设立专门的热销区。一周要进行一次热销区重新排布，把最畅销的产品摆在最前面。

在分区过程中，要把不能掺杂在一起的产品分开。例如化妆品和婴儿用品不能混在一起，化妆品是有清香感染性的，会对婴儿用品造成影响，这是由产品的不同特性造成的，所以要把不同种类的产品分区摆放，方便及时调拨、调整。仓库可以按照物品的物理和化学性质进行划分，例如分成化工品区、纺织品区、金属材料区、冷藏品区等。在这种分类方式下，物理和化学性质相同的物品集中堆放，便于仓库对库存物品采取相应的养护措施，同时还便于对同种库存物品进行清仓盘点。

总之，分区分类规划的基本原则是：存放在同一货区的物品必须具有互容性；保管条件不同的物品不应混存；作业手段不同的物品不应混存；灭火措施不同的物品绝对不能混存。

3．设备管理

(1) 货架

在仓库的布局中，最重要的是货架的摆放，因为货架摆放的科学与否决定了拣货路线是否合理。对电商企业来说，建设完整科学的货架系统方案布局，有利于企业全面提升竞争优势，缩短服务时间。可伸缩调整架构的货架是优先的选择，其他产品的货架采用普通的货架就可以了。

在规划仓库的时候，货架最好不要钉死；否则以后使用时会很麻烦，会浪费仓库空间。好的仓库管理是空间全堆满，无空隙，看过去满眼都是货品。

好的货架可以提升配货速度，还能够满足货物的存储需求。货架是立体结构，可充分利用仓库空间，提高仓库容量利用率，扩大仓库储存能力，流畅地进行库存周转；仓库货架中的货物要一目了然，便于开展清点、划分、计量等十分重要的管理工作，满足品种繁多、大批量货物的存储与集中管理需求。

线下传统品牌一般采用整进整出式的大型货架，其表现特征为大批量、少批次地发货给地区经销商或直营店铺。而电子商务则是整进零出式布局，将货物一步送到全国各地的用户手里，不仅进出货品又散又杂，还涉及退换货等问题，其表现特征为小批量、多批次。

(2) 打印、扫描等硬件设备

电商企业对仓库要有相应的硬件设备投入，要尽量使用扫描枪这样的设备来进行商品的扫描管理，避免人工化。如果仓内有有线或者无线网络，也可以使用无线终端设备来管理，这样既能节省空间，又能避免人工蹲坐式办公。

电商课堂：仓库管理应遵循哪些原则？

仓库因为其库存物品的不同而有其不同的管理原则，总体来说，有以下 5 种原则。

- 尽量面向通道进行保管

为使物品出入仓库方便，容易在仓库内移动，最好将物品尽量面向通道保管。

- 根据出库频率选定位置

出货和进货频率高的物品应放在靠近出口或入口方便作业的地方；流动性差的物品放在距离出入口稍远的地方；季节性物品则根据其季节特性来选定放置的场所。

- 同一品种放在同一区域

为提高作业效率，同一物品或类似物品应放在同一区域，员工对仓库内物品放置位置的熟悉程度直接影响物品出入库的速度，将类似的物品放在邻近的地方也是提高效率的重要方法。

- 根据物品重量安排位置

安排放置场所时，要把重的物品放在货架下面，把轻的物品放在货架的上面。需要人工搬运的大型物品放置位置则以腰部的高度为基准。

- 依据先进先出的原则来放置

对于易变质、易破损、易腐败的物品，以及机能易退化、老化的物品，应尽可能按先入先出的原则放置，加快周转。

5.3 库存管理是一个技术活

电商的库存问题，一直困扰着很多的传统企业。大家都知道，电商的库存难管，比如电商企业一搞促销，就要大量备货。而且每次促销时，力度不由自己控制，而由平台的流量说了算，电商企业自己都不知道要卖出去多少货。所以电商企业的库存、供应链，每到搞促销的时候，都会接受很大的考验。

另外，电商企业要经常上新款，也就是上架新产品。而实体服装店不会天天有新服装上架，但是电商企业几乎每天都有新产品上架。尤其是那些做得好的服装电商大卖家，几乎每天都有新品上架。比如柚子美衣，其关注国内和国际市场上一些新的款式，然后自己采购或者是生产出来，在店铺里上架。柚子美衣的粉丝和老客户每天都会看到有新的衣服上架，所以他们才愿意经常到这个店铺里来逛。电商企业如果经常没有新品上架，粉丝和客户很快就会流失了。所以电商中的零售企业上新的频率都很快。因此，他们对库存管理的要求就更高了。

我们都知道，电商企业大多依靠爆款，爆款就是主打商品。一家店中不可能有很多爆款，虽然他们可能有很多的商品，但是不可能全都是爆款。所以就要挑选出有潜力的商品，然后将其打造成爆款，即先让某个商品的流量变得很高，这个商品可能价格很低，从而吸引了很多的人来光顾店铺，然后店铺再去推销其他的商品。爆款也给库存管理加大了难度。

所以，以上就构成了电商库存管理面临的 4 个难度 ：(1) 大型促销多 ；(2) 上新快 ；(3) 爆款多 ；(4) 商品的种类也比较多。

当然今天的电商库存管理，除面临以上这些困难外，它的玩法和衡量的标准也越来越不同了，因为所有的电商都非常重视库存，而库存就是服务能力。电商企业除了进行价格竞争、品牌竞争，现在开始进行服务竞争。淘宝、京东、1 号店、唯品会都希望自己的物流配送能力大幅度提升，所以全社会都在帮着电商企业来发展库存和配送的能力。

电商库存管理有几个新的趋势。

第一，大供应链管理。电商企业想要管好库存，不能只管库存，还要管好供应链。说得严重一点，你的供应链管不好，你的库存永远也管不好。你必须要知道，明天要销售多少货，下个月要销售多少货，要根据这个来完成采购，而且是用动态的采购来销售。这个供应链，从前端的广告投入，到生产的供应链管理、库存管理，再到配送管理，构成了一个全链条的供应链管理，这就是大供应链管理。

第二，现在全社会都在发展电子商务的仓储和物流管理，这意味着今后我们可以享受到更快速的物流配送。以前我们在淘宝上买一个商品，可能需要五六天，甚至七八天才能收到，因为这个商家可能与我们不在一个地区。现在电子商务的物流配送越来越快了，京东都说了，要当日达，不管你买什么商品当天都可以送到。这是怎么做到的？因为现在京东使用了一个新的云仓库。云仓库就是你虽然有一个仓库，但是你希望无论消费者在哪里，你都能就近给他发货，这样服务质量才能提高，你在竞争中才能取得优势。所以云仓库是很重要的。有很多公司都开展了这样的业务，比如酷虎物流就是一个专门开展云仓库的公司，其在全国的仓储公司里有大量的仓库，甚至有些仓库都是快递公司的分拨中心。试想一下，你的商品直接放在快递公司的分拨中心，直接就发出去了，都不用快递公司取件了，速度能不快吗？所以这种拥有云仓库的公司，会逐渐地帮助一些有标准商品的企业建立全国的仓库体系，以实现商品的快速配送。

第三，云仓库往往是外包的，企业还要有自建的仓库。自建的仓库需要精细化管理，仓库内的作业流程要严密，而且人员要有弹性。人员弹性就是在搞大型促销的时候由于包裹大量增加，急需人手，这时候就要增加很多新员工，也可能是临时员工。要想让他们一来就能上手干活（因为没有时间去培训他们），可以将仓库管理傻瓜化。

除要将仓库管理做到精细化、傻瓜化外，同时也要做到高效。高效就是每一个流程都要考虑。举一个例子，如果在搞大型促销的时候你的流程是死板的，那么你不可能做到高效。只有灵活多变，才能高效，比如在搞大型促销的时候，如果能挑出来一个很多客户都会买的爆款并把爆款提前两天打好包，甚至贴好标签，随后大型促销一来，这个商品连找都不用找，把这类商品的订单单独找出来，打好包裹，直接交给快递公司就好了，你说这样效率高吗？所以仓库里应该有这样应急的高效流程，才能让你的仓库发货非常迅速高效，而且能够将仓库的管理做到有序化。

1. E 店宝仓储解决方案

E 店宝是根据中国电商的发展模式，定义研发的电子商务公司信息全方位的 ERP 解决方案。其致力于为电商企业提供信息化服务。2012 年，E 店宝成立了仓储规划咨询服务事业部，涉足仓储领域的诊断、规划设计、仓储信息的系统构建等领域，主要为电商企业提供仓储建设解决方案。如今，E 店宝已经成功地为 200 多家客户提供了仓储规划方案和仓储就业人员培训，并提炼出一套“接地气”的仓储解决方案，囊括了仓库选址、仓库搬迁、布局设计、设备选取、流程设计、仓库管理制度等业务模块。

案例：北京圣牧的仓储规划

1. 客户基本信息

北京圣牧联盈网络科技有限公司创建于2013年，是内蒙古圣牧高科牧业有限公司唯一指定的网络总代理商。它是电子商务型公司，从事圣牧全程有机奶的线上与线下的销售工作，全心致力于为人们提供最安全、健康、高品质的有机牛奶。

北京圣牧联盈网络科技有限公司基于天猫、京东、1号店、淘宝C店等多个网络销售平台进行销售，其用短短两年的运营以及市场推广，在有机奶市场中有了较高的品牌知名度。其目前的物流仓储模式有：商超入仓销售、线下批发销售、自建仓储配送；企业自建仓库的运营主要类型为：线上订单出库、线下服务站配送出库。其有两个物理仓库（备货仓300m^3，配货仓200m^3），仓库现有人员6人（主管1人），平均线上订单为500单/日，线下销售吞吐量为100提/日。

多元化的销售模式、公司的高速发展给北京圣牧的仓储带来了很大的考验和冲击。10月中旬，北京圣牧向我们寻求帮助并探讨公司仓储运营部门现在存在的问题，以及解决方法。北京圣牧针对内部运营，尤其是仓储部出现库存不准、流程滞后等重大问题，多方寻找解决措施，多次努力均未达到理想效果。最后通过使用E店宝软件并了解仓储规划咨询服务后，经过3次反复调研沟通确定整改方案，北京圣牧很满意，与E店宝签订了服务合同。

2．仓库运营调研情况

(1) 权责划分待明确

此公司各部门之间权责不明确，部门之间、员工之间相互推诿责任，问题不仅得不到及时解决，甚至部分问题一拖再拖。公司决策层没有及时裁定权责，决定解决方案。

(2) 运营流程需要梳理

- 计划、数据没有共享。例如运营部缺乏准确的库存数据，制订的销售计划不考虑后续运营是否支持，造成参加促销活动的产品缺货，同时仓库中的大库存产品没有销售计划。
- 搭配销售不合理。网店运营不考虑物流费用，审单员未按实际仓库包装要求，对订单合理拆分，造成大量订单需要手动拆分，既降低了包装员的工作效率，又增加了快递费用。
- 无计划性采购。不结合自身销售能力，单纯考虑采购成本，部分产品滞销，最终造成产品库存积压。

(3) 各岗位考核制度有待完善

- 仓库绩效考核没有责任到人，而且仓储绩效考核片面，导致仓库运营效率偏低。
- 人员岗位分工不明确，绩效考核失调（有活一起干，员工薪资实行“大锅饭”，员工工作积极性差，仓库订单处理量仅为500单/天/6人）。
- 对快递监督不力，因快递原因导致商品破损率居高不下，没有相应的数据对快递公司进行有效的考核。

(4) 仓储部对销售产生制约

- 库存不准确，造成公司其他部门无法得到准确的库存数据，进而无法制订合理的销售计划、采购计划等。
- 仓库周转率低，产品库龄高。仓库产品是有机奶，对于库存周转率要求极高，从而直接导致仓库产生了大量的临期产品。
- 仓库功能区域划分不合理，产品、辅材、快递包裹等码放混乱，进而造成盘点错误，订单错发、漏发等问题，如图5-9和图5-10所示。

图 5-9

图 5-10

3．设计仓储整改方案

结合客户的自身情况，我们为其量身设计仓储整改方案，帮助客户完善制度、优化操作流程、强化绩效管理等，然后把设计理念融合到其他部门，最终形成整体解决方案。

(1) 布局规划设计

- 仓库布局规划：根据仓库形状规划备货区、配货区、打包区、快递发货区、打单区、辅材区等功能区域（见图5-10）。
- 明确产品堆码原则和堆码规则：明确标识原则、堆高原则。规定好各类产品的堆码规则和高度。

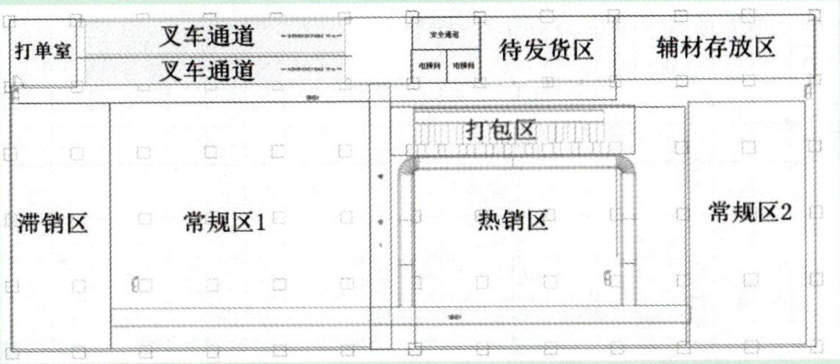

图 5-11

- 制定 5S 管理检查制度：通过日查、抽查、检查 5S 执行情况，建立评分制度，按月评比（见图 5-12）。

仓库 5S 检查表

责任区域		检查日期				检查人	
项目	检　查　内　容	评分 1	2	3	4	5	问题点事实陈述
整理	1. 仓库无不用的材料或工具						
	2. 仓库无废弃的材料或物品						
	3. 仓库无物品凌乱、混装现象						
	4. 周转架、运输工具无破坏或不良						
	5. 仓库内无零件及物料散落地面						
	6. 无不要物、杂物和卫生死角						
整顿	1. 货物、料箱有明确标识						
	2. 仓库内各区域划分明确、标识清楚						
	3. 物品、工具定置摆放，无压线						
	4. 物料箱码放高度不超过摆放高度基准						
	5. 道路畅通，无阻塞现象						
	6. 无乱拉电线等现象						
清	1. 货架、办公桌摆放整齐						
	2. 货架和物品无积尘、杂物、脏污，物品						

图 5-12

（2）流程设计

为了进一步有效提高仓库作业效率，建立有序的仓库作业标准，这里结合客户的销售运作模式，为其设计了仓库作业流程。其中包括采购入库流程、预包装补货流程、订单出库流程、线上退换货流程、线下销售流程等。

例如：订单出库流程，其流程图如图 5-13 所示。

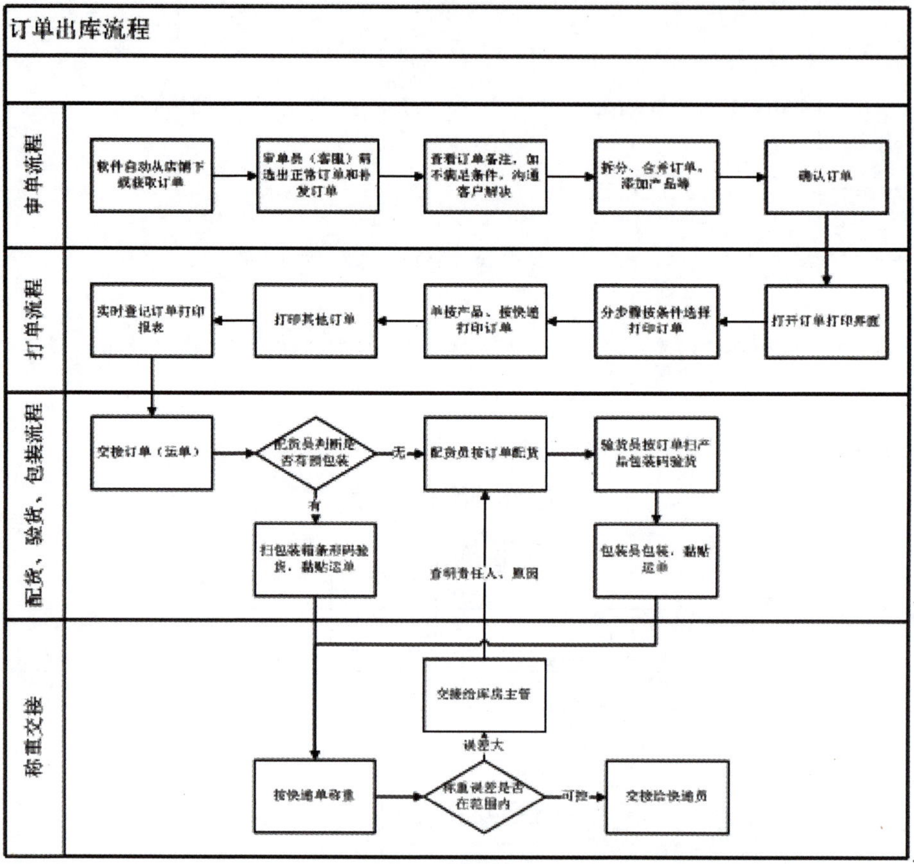

图 5-13

（3）制定仓库管理制度

制度来源于流程。针对客户自身情况及行业现状，下面制定了一系列的管理制度，做到事事有据可依，如图 5-14 所示。

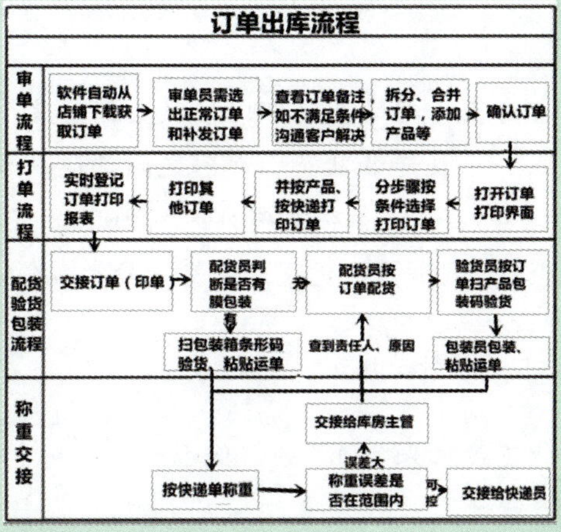

图 5-14

(4) 员工岗位手册

要明确岗位职责、晋升渠道，制定SOP作业规范，建立岗位考核制度，如图5-15所示。

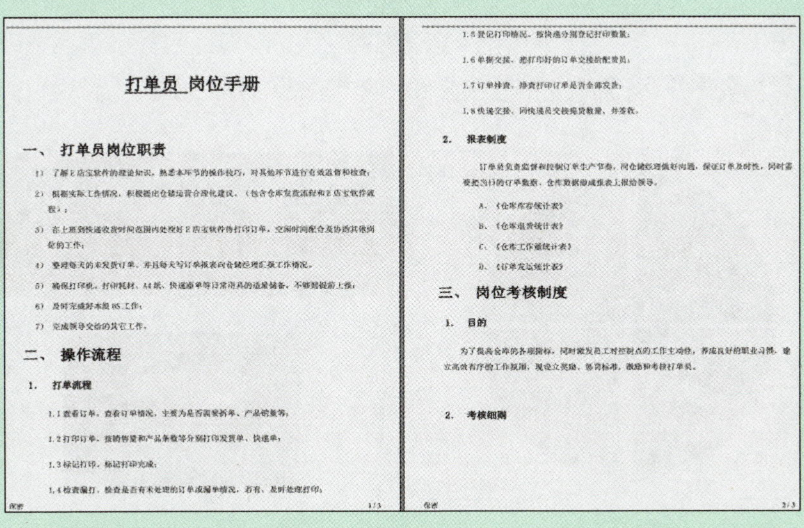

打单员 岗位手册

一、 打单员岗位职责

1) 了解E店宝软件的理论知识，熟悉本环节的操作技巧，对其他环节进行有效监督和检查；

2) 根据实际工作情况，积极提出仓储运营合理化建议。（包含仓库发货流程和E店宝软件流程）；

3) 在上班到快递收货时间范围内处理好E店宝软件待打印订单，空闲时间配合及协助其他岗位的工作；

4) 整理每天的未发货订单，并且每天写订单报表向仓储经理汇报工作情况。

5) 确保打印机、打印耗材、A4纸、快递面单等日常用具的适量储备，不够须提前上报；

6) 及时完成好本组6S工作；

7) 完成领导交给的其它工作。

二、 操作流程

1. 打单流程

1.1 查看订单。查看订单情况，主要为是否需要拆单、产品销量等；

1.2 打印订单。按销售量和产品条数等分别打印发货单、快递单；

1.3 标记打印。标记打印完成；

1.4 检查漏打。检查是否有未处理的订单或漏单情况，若有，及时处理打印；

保密 1/3

1.5 登记打印情况。按快递分别登记打印数量；

1.6 单据交接。把打印好的订单交接给配货员；

1.7 订单排查。排查打印订单是否全部发货；

1.8 快递交接。同快递员交接提货数量，并签收。

2. 报表制度

订单员负责监督和控制订单生产节奏，同仓储经理做好沟通，保证订单及时性，同时需要把当日的订单数据、仓库数据做成报表上报给领导。

A、《仓库库存统计表》

B、《仓库退货统计表》

C、《仓库工作量统计表》

D、《订单发运统计表》

三、 岗位考核制度

1. 目的

为了提高仓库的各项指标，同时激发员工对控制点的工作主动性，养成良好的职业习惯，建立高效有序的工作氛围，现设立奖励、惩罚标准，激励和考核打单员。

2. 考核细则

保密 2/3

图 5-15

4．规划后的效果

项目结项后，客户在公司的其他部门依照仓储整改模式开始梳理流程，整个公司的运营进入一个良好的状态。部门之间沟通顺畅，问题处理及时，公司建立了良性的内控机制；库存准确性达到 100%，各环节的销售计划、采购计划等更加规范了，临期产品也得到了有效控制，店铺的评分得到提升。

（1）店铺 DRS 评分得到提升

客户的店铺发货速度原来为 4.7 分，低于行业平均水平，整改后的评分为 4.8 分，如图 5-16 所示。

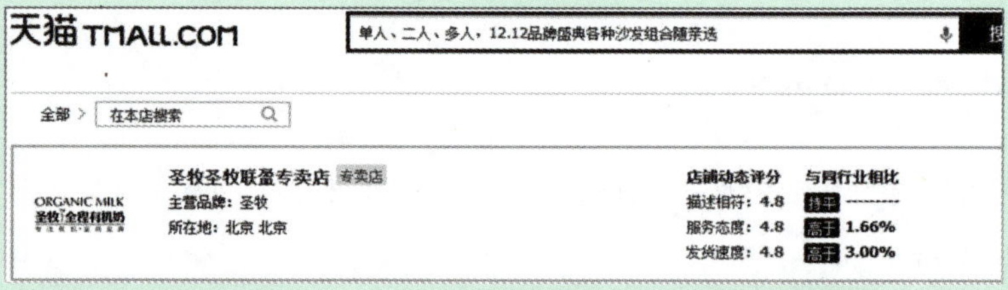

图 5-16

（2）仓库的 5S 管理标准得到提升（见图 5-17 和图 5-18）

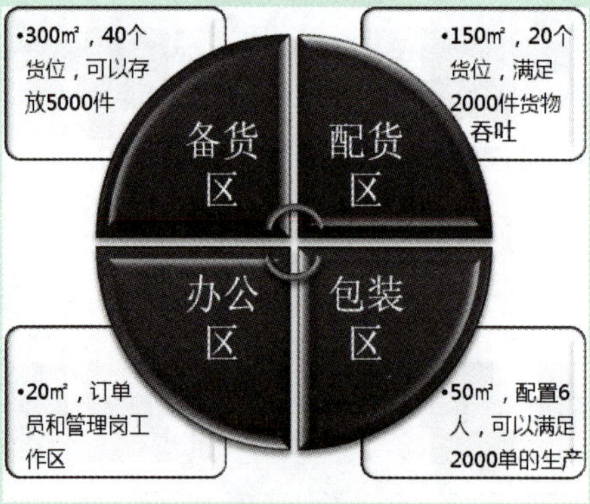

图 5-17

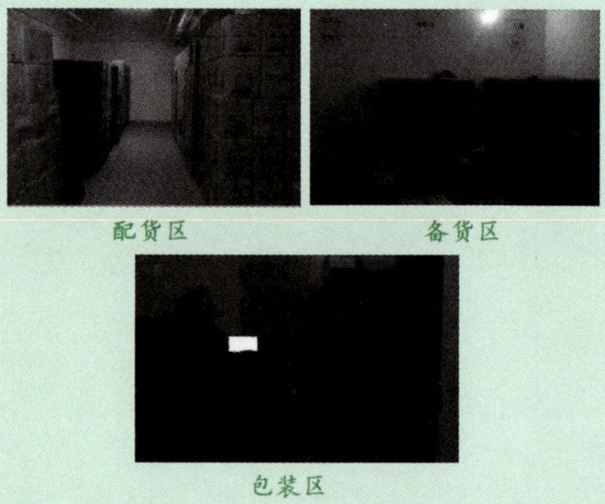

图 5-18

(3) 仓储运营各项指标大幅提升（见图 5-19）

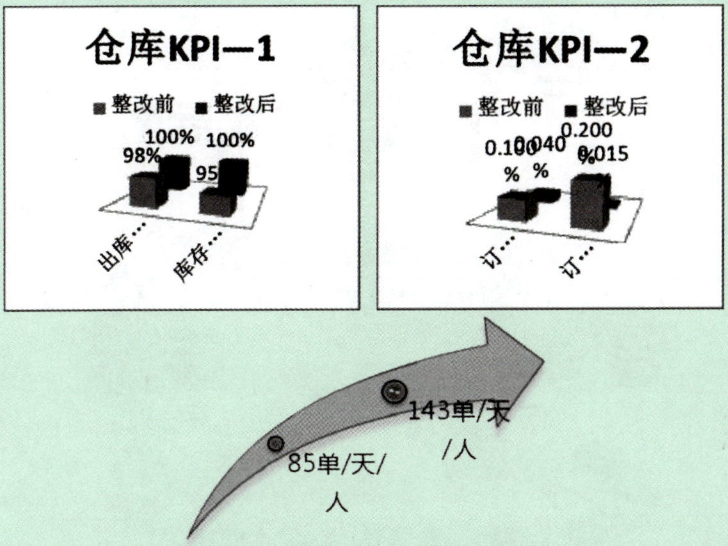

图 5-19

5. 客户的反馈

客户对我们的仓储规划咨询工作给予了极大的肯定，并给我们发来表扬信（见图 5-20）！

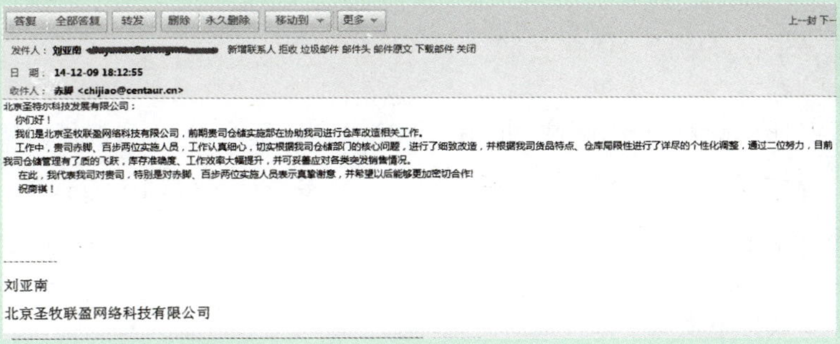

答复 全部答复 转发 删除 永久删除 移动到 更多 上一封 下一

发件人：刘亚南 [redacted] 新增联系人 拒收 垃圾邮件 邮件头 邮件原文 下载邮件 关闭

日 期：14-12-09 18:12:55

收件人：赤脚 <chijiao@centaur.cn>

北京圣特尔科技发展有限公司：

你们好！

我们是北京圣牧联盈网络科技有限公司，前期贵司仓储实施部在协助我司进行仓库改造相关工作。

工作中，贵司赤脚、百步两位实施人员，工作认真细心，切实根据我司仓储部门的核心问题，进行了细致改造，并根据我司货品特点、仓库局限性进行了详尽的个性化调整，通过二位努力，目前我司仓储管理有了质的飞跃，库存准确度、工作效率大幅提升，并可妥善应对各类突发销售情况。

在此，我代表我司对贵司，特别是对赤脚、百步两位实施人员表示真挚谢意，并希望以后能够更加密切合作!

祝商祺！

刘亚南

北京圣牧联盈网络科技有限公司

图 5-20

2. E店宝产品的价值

图 5-21

（1）基础平台版

E店宝是电子商务ERP整体流程管理专家，网店卖家的电子商务ERP软件的最优选择。其帮助网商全面管理各部门工作，高效完成企业战略目标。

（2）多平台多店铺一体化管理

E店宝对接淘宝、天猫商城、拍拍、京东、当当、亚马逊、1号商城、聚美优品、ECShop、独立官网等电子商务主流平台，支持多平台多店铺统一管理，实现订单自动下载集中处理。

（3）高效打单发货

E店宝可以智能判断订单物流可达区域，自动分析缺货、预售订单，杜绝订单超打。E 店宝的 CRM 客户关系管理系统可以对新老客户等级进行自动分组，其独特的促销绑定管理大大提升了发货速度！

（4）售后管理流程

E 店宝提供了完整健全的售后管理流程，保证了库存的准确，提高了客户的满意度。其将退换货登记生成售后报表，并通过系统自动跟踪售后订单、售后信息，及时高效处理售后问题。

（5）采购管理

E 店宝具有智能的库存预警与采购功能，可准确计算商品采购数据，自动生成采购建议单，及时准确地制订采购计划，在保障销售稳定的同时，避免存货过多造成库存积压，同时减少资金占用压力。

（6）实时同步库存

E 店宝具有业内最先进的库存管理功能，实现货品出入库精准查询及数据同步，确保库存数量的准确性，并设置库存警戒线预警，确保客户拍下的商品有货。

（7）员工绩效考核

E 店宝可以定位具体岗位环节，出现问题时有据可查，有效实现岗位之间高效协作与激励员工的作用。

（8）客户关系管理

使用 E 店宝的订单发货系统可以对客户进行发货提醒，提高客户的满意度；而且支持使用短信、彩信、邮件发送节假日关怀、促销活动通知等，从而提高客户的忠诚度。

（9）财务管理及报表统计分析

E 店宝具有强大的财务管理功能，其根据业务自动记录生成应收应付账目，支持财务核销，支付宝、财付通对账管理，可对接线下财务软件如金蝶、用友等，实现线上、线下财务一体化管理。E 店宝内置强大的数据报表功能，对店铺销售数据、产品销售情况、出入库等数据精确记录，为企业提供需要的数据报表。

（10）科学的流程梳理

E 店宝输入正规化的管理理念，通过各岗位功能的设置，帮助客户梳理工作流程，提升管理效率。

（11）技术优势

企业使用 E 店宝企业版，通过企业版强大的系统支撑力及处理性能，可以高效、稳定、快速地处理业务，并根据耗时业务进行客户定制化服务，解决目前存在的业务问题及瓶颈。

① 系统架构：E 店宝系统分为 4 层架构，即表现层、业务层、服务层、数据层（见图 5-22），它们彼此通过互联网实现标准通信。

② E 店宝进行了架构调整，实现了支撑大的订单量，提高了业务的处理速度，增加了缓存，对应用服务器组按业务进行服务拆分，采用读写分离策略，并且对数据库进行横向与纵向切分，交易库与原始库分离，数据与索引分离，进一步优化索引，同时增加大促模式，提高业务的处理速度。

③ E 店宝的数据库进行了读写分离，对业务中读写和无即时性读的模块进行分离，进行压力分担，降低业务耦合性，防止因为大量访问带来的系统性能降低。

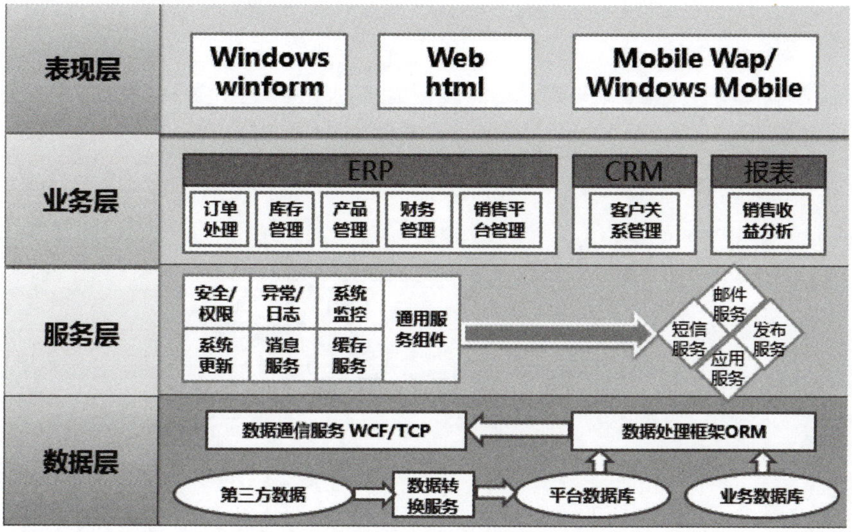

图 5-22

④ E 店宝定期对系统数据进行归档处理，即对于系统中已经发货完结的订单，进行分类归档，存入历史数据库中，并只提供订单查询和报表的服务。

⑤ 使用 E 店宝可以快速抓单，其 DTS 系统为分布式订单采集系统，可根据平台特性进行分布式订单采集，通过增加订单采集节点保证订单采集效率。另外，E 店宝支持单店单日订单量为 200 万笔，其中宝洁在 2014 年“双十一”中产生的 178 笔订单通过 E 店宝实现了高效稳定的处理。

5.4 物流配送，更快，更好，更强

物流配送是电商的重要组成部分，也是制约电子商务企业发展的瓶颈。电商企业竞争的另一个重要环节就是对物流配送的建设。在电子商务环境下，消费者对物流配送体系提出了更高的要求，例如配送的速度更快，配送的质量更高，配送的范围更广，这些都直接影响到消费者对商家的印象。因此，建立完善、高效的物流配送体系，将成为未来电商企业赢得竞争优势的关键要素。

物流配送能力将是未来电商企业成败的关键之一，是电商企业的核心竞争力之一。但是，电子商务的发展速度太快，第三方物流的发展速度跟不上电子商务发展的需要，物流还是会成为电子商务未来发展的一个难题。有的电商企业为了满足客户的需要，自己去做物流。但是电子商务不同于传统销售，传统销售有时是代理商自己开车过来选货，然后拉走，就算是送货，那也是批量送货，在物流的压力上远远不如电子商务。

电子商务企业的物流配送一般有三种模式：自建物流配送模式、第三方物流配送模式、自建和外包相结合的物流配送模式。第一种模式一般适用于综合类网

络商城或大型的垂直网购企业，其商品品种较多，数量较大；第二种模式适用于中小型电子商务企业，其商品品种不多，因此企业无须建立自己的物流系统，或者出于专业性方面的考虑，将物流外包给第三方物流公司；第三种模式适用于拥有一定物流资源的企业，但现有的物流资源无法满足商务扩张的需要。这三种模式各有其优劣。另外，还有一种模式是客户上门自取，这种方式用得比较少，因为它几乎失去了网购的意义。这四种物流配送模式的优点及缺点对比如表5-1所示。

表5-1

配送类型	优点	缺点	适用范围
自建配送	容易管理和控制配送流程，送达迅速	建立一个社会化的配送网络投资相当巨大，如果没有规模效应，企业将面临亏损	综合类网络商城或大型的垂直网购企业，商品品种较多，数量较大
委托第三方	成本较低，管理相对简单	配送操作系统与购物平台的脱节，容易出现配送问题，可能导致用户不满意	资金投入和管理经验有限的中小型企业
自建与外包相结合			拥有一定物流资源，但现有的物流资源无法满足商务扩张需要的企业
上门自取	无物流人工配送成本，商品总价相对较低	增加了网店的店面成本，降低了网络购物的服务质量和本质内涵	适合作为辅助物流配送形式，并与传统连锁类店铺合作

一些大中型传统电商，一般都是采取自建与外包相结合的物流方式，即在仓库所在城市自建物流，在其他城市与第三方物流企业合作（例如顺风），为各地用户提供物流服务。而对中小电商企业来说，是自建物流还是利用第三方物流这

些都影响到供应链的效率和成本。如何完成线上平台与线下物流配送体系的对接，保证送达时间和送达质量，是对电子商务物流系统的重大考验。

从成本投入的角度考虑，自建物流配送团队的初期成本很大，在没有达到一天有上万笔订单的规模前，不用考虑自建物流配送团队，而且绝大部分轻质商品达到了每天有十万笔订单也不需要自建配送团队。因为自建物流配送团队还存在着很大的风险，比如货物被盗，尤其是电子产品、食品、贵重物品被盗的可能性最大。其次，交通事故和交通拥堵也是风险之一。

图 5-23

有些电商企业提倡“操作环节外包，服务质量不外包”，也就是说，电商企业自己定服务标准，培训和考核外包团队，给他们划片区、分品类、贴 Logo、然后执行配送任务，实际上这还是走外包路线，但是也实现了一定意义上的自建。其实这种模式同样存在着风险，比如外包团队占用甚至挪用代收货款，通过拖延返款时间、人为提高投递的失败率（实际上商品也交付了，只是报表上显示投递失败），长期保持一定量的资金在自己账户上，挪作他用。还有一些承运商暗度陈仓，把部分订单二次转包，从而带来服务体验降低、时效延长、货款回笼不畅等问题，这些都是难以控制的问题和风险。

在国内物流业相对落后的环境下，采用外包方式，通过系统管理软件来监控外包团队的配送服务品质，显得更经济一些。但是当发货量大的时候，外包物流公司不能保证服务质量，而且还有调包、偷货的事情发生。

因此，比较好的办法是，企业在初期外包物流业务，选择与诚信度高的物流公司合作。在达到有非常大的发货量，例如一天有 5 万到 10 万笔订单的时候，建立自己的物流团队 + 外包公司的合作模式，使用跟踪系统，应用网络技术，提升用户体验，突破订单物流瓶颈，并结合呼叫中心，加强物流配送体系的回访、管理和监控。

但是，需要注意的是，如果是自建末端配送体系，会遇到一些意想不到的困难和风险，很重的人力资源和硬件资产投入也是一个巨大的门槛。

电商课堂：如何控制物流配送成本？

随着电子商务的发展，第三方物流大幅涨价，导致电子商务的物流成本上涨。在这样的态势下，这个本就是电子商务软肋的物流配送环节，更加使企业困难重重。那么，如何才能控制物流成本呢？

首先，电商企业不能只考虑网站的点击率和订单的数量，还应该同时考虑配送成本，尽量将商品的销售控制在与物流企业协议确定的配送范围之内，并尽量使之相对集中和形成规模。

其次，为了提高配送效率，还应该定时优化地址数据库。我国地域广阔，地方行政管理比较杂乱，从而导致电商企业在选择快递商投递时，地址模糊不清，加上做物流的人，没有专业地学过地理知识，比如城镇和乡村分不清楚。所以，前台的地址备选数据库要能精确到镇 / 乡，并且要每周优化一次，跟上时代的变化。在分配订单的时候，要查看收货地址是否详尽，凡是发现有不规范的收货地址都应在第一时间反馈到客服，以便及时更正。

第 6 章

走进移动大时代

网络推广就是花钱找用户，所以必须要找到合适的推广方式才能吸引用户。如何才能将广告效益发挥至最大化？这就需要我们钻研各种网络推广方式，各类高流量、高转化率广告的营销方案和策略，加之用户实际反馈情况，创造出属于自己产品的优质广告。

目前网络推广的方式大致有搜索、联盟、导航、媒体等。相对于线下推广，这些方式营销成本较低，最能直观地评估 ROI。

——电子商务专家

6.1 放弃大电视，迷上小手机

随着中国智能手机的普及，手机已经成为人们生活中非常重要的一部分。手机已经不只是过去传统意义上的“电话”，而是变成了人们的娱乐、购物、交易、办公等工具。移动流量正在快速增长，手机产生的流量将超越笔记本电脑、平板电脑所产生的流量。而移动端的用户增长主要来自于购物、视频音乐和移动金融，其中移动购物需求增长最快，并且在未来的几年里，还有很大的发展空间。以后我们出门可能可以不带钱包，但是却不能不带手机。

目前，几乎人手一部智能手机，那么智能手机给人们的生活带来了什么样的改变呢?

1. 小屏幕，简单才是王道

有人说，移动端实际上就是把电脑变小了，手机实际上就是一个缩小的电脑。这种说法是错误的，因为它们的差别很大。

举一个很有趣的例子。过去我们看电视，都喜欢看大屏幕的，每过一两年都要换一个更大的电视：原来电视屏幕是二十多英寸，接着变成三十多英寸，后来变成四十多英寸，再后来又换成五十英寸的，放到客厅中，效果非常震撼。

可是，很快智能手机出现了。智能手机的屏幕非常小，但是迅速抓住了人们的眼球。很多人回到家里，不再是先打开电视，而是先打开手机，搜索移动端上的电视节目，在手机上看电视，或者是在手机上干一些别的事情。总之，自从智能手机出现之后，具有震撼效果的大屏幕电视已经被悄悄冷落了，人们已经被小屏幕的手机完全迷住了。

可见，智能手机让人们的生活习惯发生了巨大的变化。以前人们在电脑上购物，比如打开淘宝，或者是基于 PC 端的一些购物网站时，一搜索，可以搜索出来很多网页，人们可以坐下来慢慢浏览。但是，在移动端，节奏变快了。如果移动端也像 PC 端有那么多的网页，没有人会耐心地去翻看。而淘宝、京东在制作移动端页面的时候，其有效的页面数已经发生变化了。以一个商品页面为例来说，由于屏幕变小了，如果还像在 PC 端那样，一个商品描述就占好几页，那样客户是没法接受的。而且在移动端，由于屏幕非常小，每看一页都要翻一页，非常麻烦。因此小屏幕带来的一个最大的变化就是用户的耐心在减少。

大家都知道，微信和 QQ 都是聊天工具，以前人们都用 QQ，几乎人人都有一个 QQ 号，而微信一出现，马上以横扫一切的姿态，迅速抓住了用户的心。统计数字显示，消费者平均每天在微信花 25 分钟，可以看出，微信是一个黏性极高的软件。

事实上，微信所有的功能 QQ 全有，而且 QQ 的语音处理质量都高过了微信。QQ 的多人语音聊天话音质量很好，而微信就只有一个多人对讲功能，而且声音不清晰，还老出问题，为什么 QQ 就搞不过微信呢？

简单才是生命。移动端的屏幕很小，简单、聚焦才有更顽强的生命力，因为消费者正在变得越来越懒惰，越来越趋向于简单的东西。因此，小而简单才是王道，也因此小微信才能牛过大 QQ。

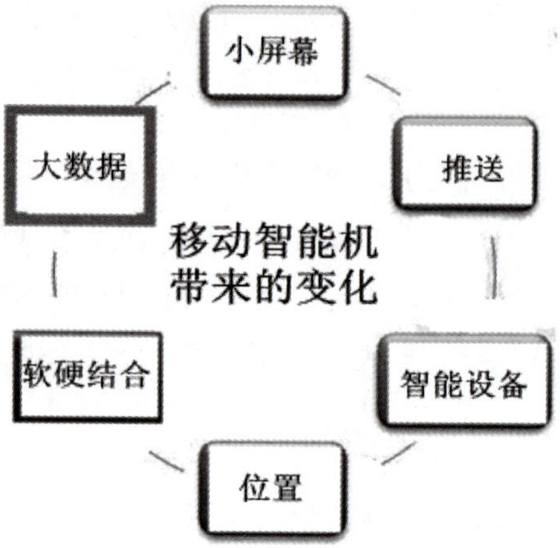

图 6-1

2．位置，随时随地搜索

有了智能手机，我们可以随时随地上网，因此基于位置的应用已经成了智能手机带来的新变化。基于位置的应用带来了个性化的位置推送。实际上，Mobile（移动）的本质是 Local（本地）。移动电商区别于传统电商的意义在于产品或者服务离消费者更加近了。比如我们需要打出租车的时候，不用再跑到路边上招手，只需要拿起手机，打开 APP，看一看哪辆出租车离我们最近，给他一个信号，很快，接收到信号的出租车就赶来了。

在移动端，基于位置的应用是至关重要的。它使零售业面临着革命，比如原来在 PC 端上买酒，是先在网上搜索，如果哪个网站有，就直接下单，然后酒就被送到家里了。现在在移动端买酒，已经变得更简单快捷了。比如到饭店吃饭，想喝茅台酒了，就打开手机在移动端搜索，查看离饭店最近的销售茅台酒的店在哪里，甚至还可以直接到专门卖酒的网站上搜索这个酒，然后下单，十分钟之内酒就被送到了饭桌上。在过去的 PC 时代，这是做不到的。

现在，基于位置的服务性消费，正在逐渐兴起。

3. 推送——新闻是“等”来的

现在，很多人出门已经不再像以前那样带着电脑了，甚至平时办公也很少用电脑，都改成了用智能手机。但是用智能手机办公的时候，包括看新闻、图片，阅读文章等，大家都养成了一个特殊的习惯——等待推送。

在移动互联网时代，人们都养成了被动接受信息的习惯。由于屏幕变小了，人们懒得去里面搜寻信息，连百度都用得少了。基于PC端的搜索，还是百度的天下，而基于移动端的搜索，大家很少再用百度了。腾讯搞了一个微信，淘宝搞了一个手机淘宝，因此没有百度的位置了。基于移动端的搜索引擎的用户在大幅度下降，大家找信息时不再愿意自己搜索了，而是等着“QQ新闻”，或者“今日头条”推送新闻。

所以基于移动端做电商就要懂得，消费者不会漫无目的地搜索你了，他所搜索的空间越来越少，你需要针对有限的目标粉丝群体，推送有效的而且有价值的信息给他们，这样才能掌握目标客户。所以在移动端，推送成了至关重要的一个新理念。

4. 大数据是一切的依据

在很多年以前大数据的概念就有了，但是直到最近几年才被提出来，这是因为设备越来越先进，让人们有机会采集到过程中的数据。大数据不追求结果，而是关注交易过程或行为过程中的数据。对电商来说，大数据非常重要。

数据能带来什么？早期的企业关注的数据是什么？以前，比如一名客服人员或者营销人员，企业关注的是他这个月成交了多少笔订单，每一笔订单的金额是多少，他的销售业绩是多少，是否赢利，利润是多少。但是现在，客服人员在对客户的服务过程中，所有的数据都可以跟踪，这位客服和客户聊了几次天，打了多少字，这个客户和他聊天之后访问了什么网页，在这个网页上停留了多少时间，最后这个客户是买了还是没有买，整个过程中都是可见的。

现在，电商企业如何考核一名销售人员呢？主要看他在和客户交流的过程中，聊天的平均响应时长是多少，这是一项指标。假如一个顾客通过 IM 工具、微信、旺旺等这些交流工具，和销售人员进行砍价和讨论时，他问了某个商品的价格，销售人员是用二十分钟，还是五分钟，抑或是十秒钟就回答了他，决定了一个销售人员的服务态度和服务品质。通过和客户聊天，用户访问了多少次页面，决定了销售人员引导客户进行品牌传播的深度。关注于过程，才是大数据。

可见，大数据成了推送信息的一切依据，成了解决小屏幕问题的一切依据，也成了解决位置问题的一切依据。如果没有大数据，移动端将无法开展工作。

案例："今日头条"是如何成功的？

"今日头条"是新闻类目里的佼佼者。

"今日头条"进行了商业化测试，一个月就有几千万元的纯利润。那么他们是如何把新闻做得那么棒呢？就是依靠大数据。他们是怎么依靠大数据的呢？就是依靠推送信息。

"今日头条"做到了对消费者进行细致的分析，它分析消费者的微博，分析消费者的微信，还分析消费者在移动端的行为。他们通过这些行为来分析消费者是白领，还是蓝领；是财务工作者，还是金融工作者。他们是如何把消费者的身份分析出来的？通过消费者的行为数据和过程数据。比如，如果一个人天天发微博，那么此人一定不是公司的高层，而其微博关注的内容，也可以反映出这个人喜欢什么内容。他们通过分析客户的微博来给客户贴标签，看客户喜欢看什么类型的新闻，根据这些来给这个客户推送类似的消息。所以在移动互联网时代，不推送，将没有办法掌握消费者，因为消费者懒得去搜索。

图 6-2

当然，“今日头条”是基于大数据分析出来的。由于现在移动端的屏幕变小了，所以消息推送方不会给予用户更多的新闻推送，因为用户在 PC 端能够看很多新闻，但是在移动端只会看三五条新闻。那么默认推送哪些新闻呢？每天互联网中都会产生上亿条的垃圾信息和垃圾新闻，将哪几条推送给用户呢？这就要根据企业的运算和推算。

但是，在这种趋势下，还是有很多电商企业不重视大数据，他们不知道自己网站的销售有多少来自移动端，有多少来自 PC 端。他们的网站没有针对移动设备进行优化，这就意味着这些零售商要错过移动电子商务的机遇了。

5. 智能设备的时代

由于科技的发展，如今已经到了智能设备时代。智能设备和普通设备有什么差别？简单地说，以前是把设备接到电脑上，现在是把电脑装到设备里，这是目前所有 3C 类目面临的一次颠覆性的创新。智能设备以智能手机为代表，其实所有的家电和 3C 类目都已经进入了智能设备时代。举一个例子，现在的摄像头是一台摄像机连着一台电脑。如果在过去，则是把摄像机安装到电脑的周边，但是在如今的智能设备时代，它是把一台电脑装到一个摄像机里。有的摄像机只有很小的摄像头，被贴在天花板上，它没有网线，只有一根电源线接在电源上，它没有插孔，因为不需要，它就是一个摄像设备。但是它连着 Wi-Fi，并且它自动连接到了一个外部网站，它在摄像的过程中，内置了一个小型的硬盘和缓存，一边拍摄一边把所有的摄像内容自动上传到了网站上，在网上来展开直播活动，一个摄像头就是一台电脑。

现在，所有的设备已经全面智能化，芯片的缩小导致了设备可以智能化，摄像头在智能化，手表在智能化，手表也会变成智能机，路由器、交换机，也变成了智能机。以前的路由器就是一个路由器，现在的路由器成了一台电脑，不是把电脑插在路由器上，而是把电脑装到路由器里去，所有的电脑设备都在变化，在今天移动电商到来的时候，智能设备将是我们不得不思考的一个问题。

因此，如果是做 3C 类目或者家电类目的企业，其产品必须要更新换代和调整，因为智能时代到来了，只有这样的智能设备在今天才会大行其道。

6. 软硬件结合

以前，如果是软件公司，就只生产软件，而如果是硬件公司，就只生产硬件。现在到了移动时代，一切都变了，软件和硬件都结合在一起了。现在智能机带给我们的新方向，比如美图秀秀，很多女孩子都在用，美图秀秀推出一款手机，叫美颜相机。这款相机的硬件是美图秀秀做的，软件就是它的美图秀秀 APP，它把软件和硬件结合在一起，采用高质量的摄像头，无论你长什么样，用它拍出来全是美女，因此女孩子们非常喜欢，这就是美图秀秀要达到的效果。它给用户带来了各种各样的用户可能想象出的美图效果，让用户在任何位置任何场合都能达到想要的效果，并且可以随时拍照片并马上分享到微博和微信上去，这也是软硬件结合的一个例子。

图 6-3

就连在健康跑步机上跑步用的智能手环也是软硬件结合的，其硬件连着智能机上的一个软件，让硬件中的数据时刻和互联网对接在一起，这就是所有设备和产品研发的方向——软硬件结合。

这就是移动智能设备带给我们的 6 大颠覆式变化。

电商课堂：移动端到底该怎么开始？

第一，要将移动电商部门独立出来。如果移动电商部门不独立出来，和PC端的零售电商部门合在一起，则他们一定会相互打架，争抢资源，而广告投入和人才投入都无法聚焦，这样你就玩不起来了。

第二，在做移动电商时要注意，广告投入方法已经变了，因为移动电商的新的增长点在社交上，所以千万不要花大量的精力在流量的引入上，那些是零售电商的玩法。在移动端，如果想要把零售电商做起来，也需要投入广告，但是新的发力的点在社交电商上。现在你最需要的是写手，你要有一定的软文编写能力。你的文章和你的内容写得越好，你越会写软文，你就会越强。马佳佳写一篇软文就可以把自己搞火，这就是写软文的能力。如果一篇软文写得好，这篇软文就可以带来几十万元，甚至上百万元的销量。现在广告公司都快倒闭了，因为他们不需要更多的做市场的人，他们更需要的是写手。有这样一家公司，他把其市场部裁掉，然后招了10个写手，每天写软文，之后其广告流量特别好。

第三，由于移动端具有强关系，所以在移动端要特别重视老顾客的分享和营销。并且这也将成为移动社交里面重要的管理理念。

希望大家以以上这3点为中心来开展移动电商。当然，移动电商是新鲜事物，希望大家在移动端要大胆尝试。

6.2 "双十一" 和 "6·18" 的秘密

随着移动终端的普及，电子商务的主战场已经悄悄地移向了人们手中的移动设备。未来如何做电子商务，如何抢先占领用户掌中的阵地，是电商们最先要了解的事情。

移动电子商务就是利用手机、PDA 及掌上电脑等无线终端进行的电子商务活动。移动电子商务是从电子商务中衍生出来的，电子商务以 PC 为主要界面；而移动电子商务则是通过手机、PDA 等这些可以装在口袋里的终端出现的，使人们无论身在何时、何地都可以进行商务交易。

传统的电子商务在 PC 端进行，而移动电子商务的优势就体现在"移动"二字上，它的主要传播途径是手机、PAD、掌上电脑等手持移动终端。与传统电商相比，移动电商的交易方式更加开放，更加广泛，推广方式也更加灵活，这一切，都带来了更多的商机。那么，和传统电商相比，移动电商究竟有哪些特点呢?

1. 入口的碎片化

在 PC 端，浏览器可以说是唯一的入口。那么浏览器里面有哪些网站可以称之为入口呢？如果现在你还认为电子商务的入口是百度，那么可以说在移动端和 PC 端，你都已经失败了。

为什么这样说？首先讲一讲 PC 端。百度是一个大型的搜索引擎，百度里面最有价值的信息是什么？答案是商业信息、商品信息、企业信息，因为只有这些人才愿意为此埋单。而电子商务的门户网站，例如淘宝、京东等，他们把最有价值的信息规范整理好，放在那儿，让用户去查找，而且商品的销量和排名也都放在那儿，连图片都配好了。所以说最有价值的信息，被他们收集过去了。那么百度只剩下了百度百科，也就是百科知识。百科知识就是各种各样的图片和各种各样的知识，所以，以后百度就成了百科大全书。而商业信息则被电子商务网站所垄断了，这就是为什么阿里巴巴的收入巨大，这是因为淘宝也是靠搜索排名、竞价排名来获取收益的，其竞价排名已经把百度的竞价排名完全挤垮了，因为最有价值的搜索信息不在百度中，而在淘宝这样的搜索引擎中。

其实百度也搞过电商。当淘宝越来越火，百度意识到如果不搞电子商务，则后果会很可怕。所以李彦宏当年马上下令搞了一个电子商务网站——有啊，但是半年之后就关了。后来百度又搞了一个电子商务站叫乐酷天，又搞了一年，又关了。为什么？因为百度其实是一个大杂货铺，做的是全网的搜索引擎，去那里的人目的不同，而且它并不是一个专业的购物网站，所以百度根本不是购物的入口。所以百度作为电子商务的入口，是不会成功的。它作为品牌的搜索入口，也许可以，但是作为购物的搜索引擎入口，是不行的。可想而知，百度自己搞的购物类网站有啊和乐酷天，将所有的搜索引擎优化都用尽，都没搞成，作为电商企业，如果花重金在百度来搞搜索引擎，能取得多大的成绩呢？

所以基于 PC 端的电子商务的入口，根本不是搜索引擎，而是淘宝、天猫、京东、聚美优品、1 号店等购物平台。为什么会有“双十一”和“6 · 18”？就是因为他们在争夺购物入口，“双十一”是淘宝的节日，“6 · 18”是京东的节日。他们利用这两个节日告诉人们，我这里的价格最便宜，我这里才是购物入口，以后买东西到我这里来。“双十一”和“6·18”是平台的活动，和卖家及买家都没关系，打 5 折只是为了告诉人们，这里是入口。

但是，在移动端就发生变化了：购物入口被打散了。基于移动端，由于屏幕变小，在移动设备中不可能像在淘宝那样有一堆的店铺了，可能只有一个淘宝图标，但是外面又会放好多的图标，因为流量被拆分了。原来的购物入口，可以把 PC 端的屏幕当一个界面，一进去淘宝是一个平台。但是基于移动端，整个屏幕成了一个平台，所以在移动端，购物入口会逐渐地被切割，原因是真正的流量入口还没有建立起来。

很多女性都使用美丽说，很多“吊丝”都使用蘑菇街。所以我们可以看到，基于移动端的应用更加个性化了，每个人都有个性的诉求，学生喜欢装一些学生的应用，老师喜欢装一些老师的应用，从而移动端的流量会被切割开，因为人们不能像在 PC 上那样，装很多的应用。在 PC 上，有的人甚至装了几百个应用，反正 PC 内存足够大，很多病毒在里面长期存在，而手机一有病毒就用不了。我们一定要知道移动端入口有哪些，并且它们分别是什么入口，这就是入口碎片化。

2. 类目杀手时代来临

在 PC 端，可以搞大型的重型平台，淘宝和京东都是这样的平台，所有的人都是在一个入口里找东西。但是在移动端就不是这样了。因为移动端开始个性化了，由于屏幕变小，推送的盛行，从而进入了类目杀手时代。美丽说和蘑菇街每家都融到了一亿美元。这样的公司为什么能融到那么多钱？因为他们在深入研究一个细分类目。

举一个例子，在 PC 端，如果有一个专门针对学生的购物网站，则你可能不会去关注，但是在移动端，如果你是一名学生，那么你一定会关注。将来，人们在移动端可能会关注两种 APP，一种是像淘宝天猫等综合类的 APP 你可能会关注，但是同时，如果你是一名学生，你可能还会关注一个专门针对学生的 APP。美丽说就是借这个势头，推出了专门针对都市白领女性的时尚类 APP，如果你在淘宝里搜索，可能出现的内容太杂太多，比如搜索钢管，可能出现的就是一个钢管，但是你在美丽说上搜索钢管，可能出现的就是钢管舞，这就是差别。在移动端只能展示有限的内容，所以这给那些类目杀手带来了机会。今天，如果你能在细分类目领域做得很好，请发力在移动端，做好类目杀手级的产品，专门研究好你的用户群的消费习惯，给他们推送信息。这就是类目杀手的玩法。

电商课堂：在移动端为什么要进行工具革命？

在移动端，所有的软件和工具都面临着一个被颠覆的过程。比如汽车行业，由于有了智能机，以后报警、换车胎、需要保养时，就不需要把车送到 4S 店中。接上电脑就可以了，因为你的手机可以智能地和你汽车的里面的软件系统来进行实时的交互。因此，移动端的出现，会让所有的软件公司，所有的系统公司，全面重新思考自己的软件该怎么做。因此我们必须要思考，基于移动端，该怎么样开展，以及基于位置、基于推送、基于小屏幕的信息传播和培训模式，这就是工具的革命。

6.3　拨开 O2O 的迷雾

O2O 这个概念最近经常被大家提到。实际上，O2O 在零售行业中是一个伪命题。为什么这么说呢？举一个例子，女性都喜欢逛街，当她们来到一家服装店，买了一件衣服，通过手机利用微信支付或支付宝进行支付，完成一个交易过程时，那么这个过程是属于线上呢，还是属于线下呢？在移动互联网时代，O2O 自然而然就为线上和线下建立起了互通的关系，所以零售业的 O2O 是一个伪命题。

说到这里，人们对 O2O 的困惑就呈现出来了：基于移动端，O2O 该怎么做呢？其实 O2O 就是线上和线下。在今天线上仍然是平台的天下，而线下是实体店的天下，双方一直在竞争。现在，其实已经呈现了两个结果，实体店的交易额在萎缩，而移动端在向线下倾斜，侵袭所有的实体店。这就带来了一个新的变化，即零售电商和服务业的电商化。

零售业的电商需要思考：线下的实体店是不是还要以零售为目标？当然不是，它要变化！实体店在未来会承载一个区域化的服务和以社群为中心的据点，而零售居于第二位。而基于 PC 端的零售会是什么样的呢？它会是以交易和零售为主体的一个终端，所以在未来互联网将变成交易的主体，而线下会变成服务和体验的主体，这就是 O2O。

对于 O2O，好多人都很迷茫。曾经有这样一位电商说，O2O 我们是这么做的：因为我们的电子商务始终做不起来，但是我们的线下实体店有几万家，每天的交易额巨大，我们就把线下的流量导流到线上的店铺中，还要开发一系列的软件，在线下门店里到处都贴上二维码，然后消费者只要进店，就让他们去网上购买。这样做可行吗？可以说，如果这么玩，就是加速自己被干死的过程。

那么该怎么办？在 O2O 到来的时候，企业要独立开展线上业务，当 PC 端和移动端的交易额能够和线下相媲美的时候，就让线上的流量来推动线下实体店的体验的改善，用这种方法才可以达到真正的 O2O，而不是为了 O2O 而 O2O。那么要想达到这种和谐的共存，必须要统一价格，统一服务标准，统一商品，让你的 O2O 真正实现线上和线下是一体的，不要线上与线下打架，也不要将线下的流量往线上导。

案例：服装电商的变化

有这样一家服装电商，过去，他们的营业员总是会遇到这样的情形：顾客好不容易在店里看中一件满意的商品，可是一试穿，尺码却不合适，觉得很遗憾。这时候导购员总是会说，我们其他门店里可能还会有这个尺码，你可以等一个星期之后再来，我把合适的衣服从那个门店调过来。而这个时候，顾客往往觉得很麻烦，也就放弃购买了。

但是，现在有了移动端，有了公众号和微信支付，导购员就不用再这么说了。如果此门店没有顾客合适的尺码，而其他门店有，则可以直接从其他门店给顾客发货，只要顾客用微信支付成功付款后并留下收货地址，这件衣服很快就可以送到顾客家里。

还有一种情况是，顾客在店铺里看到一件衣服，但是不知道自己穿上是否合适，而且这件衣服很贵，顾客不愿意轻易买下来。这时候就可以先扫一扫衣服的二维码，将这个商品收藏到微信里面，或者分享给好友，让好友帮着看一看这件衣服穿着是否合适。如果合适了，再下单购买。这就是典型的移动端的 O2O 的案例。

我们都知道，PC 端的电商是零售电商。而移动端的电商则变成了社会化电商。原来人们总是认为，服务业没法搞电商，餐饮业没法搞电商，美发业也没法搞电商，茶馆、咖啡店也没法搞电商，所有的服务业都是没法搞电商的。但是如今有了移动端，一切都不同了。今天服务业的电商化在大规模发力，现在所有的服务业都在做电商，我们可以看到美发店在做电商，洗衣店在做电商，而服务业的电商，直接涉及了 O2O 的概念。

其实 O2O 就是一个将线上与线下的资源和流量相互引导的过程。所以说，基于 O2O 时代，要独立发展线上业务和线下业务，当它们可以势均力敌的时候，可以把那个“2”加上，“2”就是连接，是将线上和线下互通、对接的意思。不要为了 O2O 而 O2O，不要跟风。因为平台们在打仗，你看不清楚。淘宝、京东、微信的战争就是让所有人跟他们玩。无论对与错，但是作为电商，自己要弄清楚，自己的企业如何借助各个平台的力量，如何找到流量的入口，如何寻求线上和线下的对接和互通，这将成为避免进入迷局的一个至关重要的点。

有人做过这样的猜想，若干年之后，也许会出现这样的场景：当我们走在大街上，没有几个人，只有快递员在疯狂地穿梭于大街小巷中，而大部分人都待在家里。

但是，我相信未来不会是这样的，因为每个人都有社交的需求，都有改变自己生存空间的需求。所以未来的电子商务和线下实体店之间，并不是严格意义上谁颠覆谁，或者是你死我亡的结果，而是一种社会化分工。

那么到底怎么分工呢？实际上，零售业的 O2O，就是用零售和服务来分工的，难道零售业就没有服务内容吗？肯定有的。

关于社会化分工，我们可以看到，如今移动端已经很方便了，现在我们想买东西，通过手机就可以直接支付，而支付就是零售业。所以交易就是线上的事情，因为你拿的手机就相当于 POS 机，你走到哪儿都可以买东西，所以移动设备就是交易中心。但是线上提供不了服务，所以未来线上就是交易中心，所有的零售成交都在线上完成，而线下是服务中心。再加上很多实体店还有它的新服务，比如卖酒的实体店可能给顾客品尝酒；卖衣服的实体店可能让顾客试衣服；卖化妆品的实体店可能会让顾客体验一下自己的肤质到底符不符合化妆品的性状。这都是服务，实际上零售业和服务业是有一定交界的。这个交界是什么？就是所有的零售业都有服务内容。所以，我认为，零售业将会进行社会化分工，任何零售业的服务部分可能会在线下实体店来完成，而交易部分则在线上来完成。

我们可以放眼看去，满大街的实体店可能都要转型。它们在未来可能不是以交易为目的了，可能所有的实体店都要加强服务内容。实体店的重点是让消费者体验、感受和感知商品和服务。所以我们以后在开展实体店的时候就要思考，怎么样通过实体店来让消费者聚集在这里，让消费者以自己的实体店为中心形成黏合力，把它做成一个社群的中心。这就是社会化分工。

而线上是干什么的？引流用的。因为大家肯定都喜欢到商品多的地方去买东西，所以线上成了流量的中心，成了交易的中心。这就是实体店与线上的社会化分工的过程，传统的实体店只有成功转型，才能在未来继续存活下去。

当然还有服务业的问题，如果实体店朝着这个方向发展下去，那么只剩下体验店了吗？ 也许并不是这样。未来的实体业，也就是所谓的零售实体业，有可能会和服务业跨界搭配。举一个例子，以前消费者买酒，都是在网上买，但是以后可能还有很多的买酒场景，比如在餐馆吃饭时，想买一瓶二锅头，可是餐馆里也没有，怎么办呢？使用酒仙网，它可以定位每一位消费者在哪里，可以通过离消费者最近的配送网点，把酒送到消费者的桌子上。所以我们可以看到，电子商务越来越好玩了，零售业和服务业跨界搭配，这也许就是未来所谓的零售业 O2O 的发展方向。

说到这里，我们还要再讲一讲零售业在线上与线下分工的过程中，应该注意的事项。有人说，我们线上和线下的销售冲突很厉害，能不能在线上搞一个专门的款式呢？能不能在线上提供特殊的服务呢？能不能在线上用一个品牌，在线下用一个品牌呢？这些往往都很难取得成功。要想取得成功，就要把线下和线上作为一个整体来思考，让它们进行社会化分工，做到三统一，即统一产品，统一价格，统一服务。让线下提供优质的服务和区域化的社群管理，让线上提供良好、快速的成交系统，让消费者能够利用线上快速买到东西。这就是电子商务中零售业转型发展的未来。

下面总结一下，作为 O2O，其实是分两个部分的，一部分是零售业，另一部分是服务业。如今是 O2O 时代，也是服务业电商化的时代，所以传统的服务业一定要注意了，如果你们不加快脚步，就可能被那些抓住了服务业电商化的人给颠覆了。所以希望大家仔细地研究一下移动互联网，仔细地研究一下移动互联网给我们带来的新功能，例如，位置的应用、大数据的应用，以及如何利用移动端的程序来让线下的服务业更贴近消费者，从而开展服务。

电商课堂：为什么电子商务发展了那么多年，人们大部分的购物行为还是在线下？

这是因为在线下门店购物有在线上购物无法替代的优势。

第一，线下有很好的实物体验。在线上购物，顾客不能很清晰，很真实地触摸到商品，因此很难正确判断它具体是用什么材质制作的，对商品无法形成真实的感觉，所以缺乏信任感。而在线下购物就不同了，顾客可以很真实地触摸和查验商品的质量，这样能让顾客更放心。

第二，线下有良好的服务体验。在线上购物，顾客能够享受到的服务可能就是很方便地询问价格，可以通过聊天工具跟卖家进行对话。但是如果在线下门店购物，顾客可以享受到更具亲和力的服务体验，导购员会走上来热情地询问并且给顾客介绍商品的质量，可能还会根据顾客本身的状况来推荐适合的商品，这种亲切的服务是线上无法做到的。

第三，线下有更好的社交体验。当顾客在线下购物的时候，可能是跟朋友在一起，因此可以享受到互相讨论、享受友情等一些愉悦的体验。这种购物体验尤其受女性的青睐。

话说回来，无论是线上还是线下，它们都有各自的优势是对方无法取代的，即使再喜欢网络购物，人们可能还是有很多商品要在线下购买，这也许就是 O2O 存在的意义。

6.4 别玩独立 APP

如今，传统企业刚刚进入电商，刚摸着一些门道，还未来得及发展壮大，移动互联网时代就又到来了，这一时之间让他们有些晕头转向了。如今，中国移动电商正在快速成长起来，越来越多的人转向用手机购物，用户的移动购物习惯正在逐步养成。

而移动购物的兴起，势必会对 PC 端的购物造成影响。大量的用户在购物时已经从 PC 端向移动端转移。因为移动端比 PC 端更加灵活，有着随时、随地、随身的特性；而智能手机的出现，更加推动了这种趋势。随着移动购物用户体验的不断改善，移动端购物对 PC 端购物，乃至传统的购物行为都会造成很大的冲击，移动端不但会与 PC 端、传统市场抢夺客户，还有可能会促进两个市场的发展，从而带来新的客户和市场空间。

总而言之，移动电商已经成为电商的战略重心，并引领电商的突破和发展。因此，在这样的状况下，电商企业以及传统企业都应该抓住机会，积极布局移动端业务，不断优化移动端购物体验，才能在未来的发展中占得先机。

在移动电商全面到来之时，电商企业都在思考，如何才能做好移动端？很多电商企业都在增加移动端的预算，进行移动端的应用研发及推广营销，目的就是为了获取流量及更多的用户。

而 APP 是移动端重要的入口，那么什么是 APP 呢？其实 APP 就是独立的应用程序。我们在手机中总会下载很多的应用程序，比如手机淘宝、微信、微博，这些都是应用程序。每一家电商企业都想开发自己的 APP，比如做服装的企业想做一个服装的 APP；做餐饮的企业想做一个餐饮的 APP。不可否认，优秀的 APP 表现确实惊人，这也导致电商企业和团队将大量的时间和资金投入到 APP 上。然而由于竞争激烈，电商 APP 的存活率并不高。这是因为一个 APP 要想在上百万个 APP 中受到关注，并获得用户青睐，并不是一件很容易的事情。

一份移动数据调查表明，在 APP 应用商店中，下载量最大的前 1000 个 APP（其数量占比不足 APP 总数的 0.1%）占据了 APP 下载总量的 55%。也就是说，在上百万个 APP 中，能够获得用户青睐的不足千分之一。这也就意味着，在移动 APP 中，要想被用户关注，概率是很小的。而艾瑞咨询的数据显示，在上百万个 APP 中，用户数超过 5000 万的 APP 也就 30 个左右，但是，这些 APP 却赢得了高达 78% 的用户。而其他的 APP 都是跟风凑热闹，营销价值并不高。加上每个用户的时间有限，一个用户经常打开的 APP 通常不超过 10 个。

因此，大量的企业做了大量的 APP，但是最终都是无疾而终。淘宝是一个入口，在其中可以搜到无数个店铺，现在进入移动端，每个人都做一个 APP，其实根本不靠谱。所以以终端品牌商，以终端商家为主的这种 APP 建设，实际上是有问题的。也就是说，你的研究对象如果是你的商品，你的店铺，如果把它作为你的核心 APP，那么是有问题的。但是如果这家企业是针对一个消费群体，企图成为类目杀手，则它的 APP 就会有价值。所以要不要做独立的 APP，关键就在这里。如果你是一个品牌商，你本身就没有流量，没有巨大的粉丝群体，想通过移动端来开展业务，你何必做 APP 呢？你连流量都没有！但是如果你的产品或公司本身具有知名度，已经具有一定的用户群，已经有一定的粉丝量，已经有自己的老客户，而且这部分群体已经很大了，你通过 APP 来增加用户黏性，并且这些人本身对你就很忠诚，那你的 APP 就有一定的用途。你的粉丝量越大，则你的 APP 的价值越大，越有用。微信的成功不仅仅是它的产品本身有优势，也是因为腾讯和 QQ 已经积累了大量用户群，从而使得微信在推广的时候能够比较容易地获得 APP 用户。对普通的电商公司来说，不要随便一上来就先搞一个 APP，这没有意义，因为光推广它就会花费巨大的精力和财力。

因此，企业唯有充分利用好移动端的优势，发掘企业与客户之间的联系，由产品进一步将 APP 的功能进行垂直细分，才能打造出拥有独特优势的 APP，从而保持用户的黏性，提高电商 APP 的存活率，从而迎来新发展。

电商课堂：移动端还需要做平台吗？

在 PC 端，平台已死。意思就是说再想在 PC 端搞平台，已经没有意义了，如果再搞平台就是死路一条，投资人也不会感兴趣。

但是在移动端，有人开始关注平台了。其实，从某种意义上来讲，有粉丝的聚合体就是平台，而不是有产品。有产品的叫公司，有粉丝的叫平台，因为只有平台才能聚合不同的商品，不同的服务，并让这些人聚集在这里，所以平台和商户的差别就在这里。

但是在移动端，做平台仍然是需要烧钱的，美丽说和蘑菇街就融到了一亿美元来烧，所以说烧钱的平台在移动端有意义，而且只有一段时间的机会。举一个例子，美丽说在 2014 年推出了“美丽一百计划”，即在它的移动端投入 10 亿元人民币，把这 10 亿元全部奉献给所有的卖家和买家，以及所有参与进来的人，让大家看出来它在移动端是愿意烧钱的。

同样是烧钱，在 PC 端就没有机会了，而在移动端是有机会的，因为细分类目杀手的时代到来了。移动端是一个新的市场，如果你是一名登山爱好者，在移动端你是不是需要一个 APP 来解决你所有的户外运动问题？答案是肯定的，因为户外运动需要定位，需要推送，需要产品的电商化，但是可悲的是，现在还没有在这方面做得非常好的 APP。为什么呢？因为时间，现在还没有哪一家 APP 做得最好，这就是机会。今天基于移动端有大量的新产品在研发，大量的新平台在产生。现在基于移动端有哪一家汽车的 APP 做得最好吗？也还没有，因为时间还没到，再过一段时间，这些 APP 就露出头来了。

那么，移动端的平台要不要做？大好的机会也许就在眼前，但是需要烧钱，需要精准地定位目标客户，找到他们，定位好他们，如果你是一家有实力的企业，也许抓住这个机会，就会很有作为。

6.5 移动电商的 3 个工具

很多传统企业都有这样的疑问，现在搞电商还来得及吗？是不是晚了？实际上没有晚，现在仍然是黄金时刻。当然了，传统企业如果现在才开始搞电商，只能从移动端开始了，因为它是新事物，新事物才有机会。

我们都知道，淘宝、京东，甚至是很多小的平台，如美丽说、蘑菇街，它们现在 50% 以上的流量都来自移动端了。所以我们可以看到，现在做电商，移动端是必经之路。

移动端电商和 PC 端电商是不同的。PC 是什么？就是个人电脑。原来人们习惯通过电脑买东西，现在人们习惯通过手机买东西。手机端比 PC 端多了什么呢？多了社交关系，多了位置，所以在移动端买东西的时候，会多一些新元素。比如口碑的传播。也就是说，在移动端，多了很多社交的概念。

那么在移动端，应该怎么开始呢？在移动端，现在仍然是江山未定的时候，平台很多，流量被碎片化了。碎片化就是到处都有流量，但是仍然有最主要的流量，不要被现在的市场格局看花了眼。

现在移动端最主要的流量来源有 3 个：微博、微信、微淘。有很多的平台、APP，包括微店，它们也都属于微淘这个范畴。

移动端的飞速发展，使得移动电商已经成为未来的大趋势。和 PC 端电商相比，无论是方法、工具还是思维，移动电商都发生了颠覆性的变化，如何在移动时代改变营销模式？如何运用大数据精细化运营？这些成为电商企业需要面对的问题。要想玩转移动电商，必须要熟练使用这 3 个工具：微博、微信和微淘。

1. 微博是一个负面媒体

微博是一个媒体。它是一个什么性质的媒体呢？负面媒体。人们在生活中都会产生负面情绪，这些负面情绪需要一个发泄的通道，而微博就提供了这样的功能。微博其实就是一个负面新闻和小道消息聚集的地方，微博之所以如此受欢迎，也是因为人们有这方面的需求。在今天这个时代，人们缺乏负面情绪的宣泄地，没地方说出那些憋在心里的话，所以微博诞生了。人们都希望听到小道消息，听到负面新闻，这就是微博存在的意义。由于微博是一个负面新闻聚集的地方，那么我们可以利用微博来宣传什么呢？答案是品牌塑造。

微博是负面新闻媒体，怎么才能利用它做品牌塑造呢？要注意一点，在微博上传播品牌，不要用正面的内容去传播。比如你的公司上市了，你写了一篇公司上市的通稿，庆祝公司做了多少业绩，公司有多牛，然后从微博上发出去，接着开始有人转发。当转发量越来越多的时候，你会发现，如果你的公司很有名，此条微博转着转着就变成负面的消息了。所以在微博上开展营销的时候，要使用它的社交属性，要寻找异类、个性化的小众群体，利用负面能量传播，这样才能利用好微博的负媒体的社交属性。现在你就清楚了，微博就是用来传播品牌的。

因此，如果要打造自己的品牌就要用微博。如果你有一个很好的商品，不要说它好，而是要说它不好，在微博上就要这样做。举一个例子，马佳佳曾经录制了一个视频，给格兰仕空调做了一个广告。视频里面大篇幅地讲格兰土空调、格兰土微波炉是最难用的，而不是格兰仕，大家一听也知道这是给格兰仕打广告的，最难用的微波炉不是格兰仕，是格兰土。就这样的一个视频，就会引发很多人的热议和讨论。

微博是一个适合在移动端上快速获得各领域内个性化内容的大媒体平台。微博虽然最近声势没有微信那么浩大，但其仍然是人们快速获取信息的一个主要渠道，它可以在很短时间内让我们了解当前各个领域内最新的信息。这也是微博屹立不倒的原因。因此，要想利用好微博，就要制造负面新闻，当然在不违反国家法律的前提下，这样就可以保证你的文章能传播出去，从而打造你的品牌，这就是微博的玩法。

2. 微信和微淘

另外讲一讲微信。微信实际上是腾讯公司一个很牛的产品，它是腾讯在移动端布局的社交流量的入口。人们都说微信是一个通信工具，或者叫即时通信工具,即 IM 工具。但是微信已经超越了 IM 工具。微信让长期不联系的人都联系了，但是当人们联系了之后，一起聚会的时候，大家却还都在低着头玩微信，而忘记了面对面的交流。这就是微信，它让人们的社交关系更加复杂化，同时让人们更强地联系在一起，而又让人们变得那么陌生。

微信作为一个社交工具，其实也是我们维护老客户，让我们和我们的客户之间建立可行关系的一个很重要的工具。所以，我认为微信是社会化营销的一个重要入口，它也是因此而被研发出来的，腾讯公司也将微信定位于此。

另外，移动端也有零售电商。零售电商就像很多的零售平台，比如微淘，比如一些基于移动端的微平台。这些平台相当于入口，它并不是以社交为中心，因为移动端的零售电商和移动端的社交电商构成了两个入口。未来一定是以零售电商为主，社交电商为辅的，要想做好移动端，要两者兼具。

在移动互联网时代，淘宝的政策是大力推动移动端电子商务的发展，所以淘宝推出一系列的针对移动端的电子商务政策。例如，淘宝推出了手机淘宝，就是让所有人进入移动端交易；同时还推出了微淘，微淘就是基于手机淘宝之上的一个社交工具。

微博、微信、微淘这 3 个工具成了移动端的 3 个主要入口。微博天生是媒体属性，微信天生是社交属性，而微淘很像是微博的一个消费类垂直细分领域。

在移动端，一个卖家往往是这么玩的：用微淘来引流，快速增加大量的流量和粉丝，并将粉丝变成朋友，组成了社群，放到微信里来管理。然后利用微博来树立品牌形象，获得更多的知名度。这 3 个工具配合使用，让移动端电商有了强大的战斗力。

3. 使用其他社交工具做电商

除了以上这 3 个工具，还有很多的其他社交工具，比如陌陌、微距、秘密等，使用这些社交工具都可以做电商。

（1）陌陌

图 6-4

“陌陌”是一款基于地理位置的移动社交产品。通过陌陌，人们可以认识身边的人，加入附近的群组，查看附近的留言，参加附近的活动，还可以和朋友交换各自的地理位置，用有趣的表情聊天等。其实，陌陌就是一个陌生人交友工具。人们使用陌陌，就是为了和陌生人交友。当你去一个陌生的城市，发现在这里你的好朋友比较少，或者找不着他们，他们都没时间的时候，你就可以到陌陌里与陌生人交友。所有人都有找陌生人交朋友的动机和希望，这就是陌陌存在的道理。

而现在陌陌居然也搞电商了。打开陌陌，在其中可以随时查看周围的商家并完成交易和电商业务。陌陌和微信、微博不一样，它的第一交流工具是群，打开陌陌，就知道周围有多少人在开 KTV，周围有多少人在集体用餐，而检测到的全是陌生人的群。你可以随时加入这个群，约着大家一起去吃饭，你可以进入一个群，与大家集体郊游。所以陌陌里面最常用的工具是什么？群！群成了陌陌最好的工具。

（2）微距

当然还有半熟人交友工具，比如微距，它是基于位置的交友工具。打开微距，首先它会定位你在哪里，然后把你周围所有的邻居定位出来，这些人都是和你有关系，但是又不太熟的人，每天上下楼都会碰见，这就是半熟人。比如你在学校里打开这个工具，其中的人虽然都不认识，但是都是一个学校的。微距是半熟人交友工具，它把微信的用户人群又切分开了。

（3）得脉

得脉是一种纯可信的开放交友工具，要使用它需要把你的个人信息、个人履历、身份证号、个人的联系电话、家庭住址全部传到网站上。那里杜绝一切骚扰，当你进去之后，大家都是坦诚以待，把自己的隐私、个人联系方法都公开出来，如果你不敢公开，则代表你不是它的用户。如果你是它的用户，也许你就敢公开了，因为你交换了你的隐私。你只要在网站上填写完整的信息，就能看到所有人的完整信息。进入得脉之后，比如你想招聘一个员工，只要把你的信息填全了，在里面一搜，所有的相关人员就会被列出来，而且都有联系电话，然后就可以私聊。使用得脉大家可以购物、交友、互动，也可以组织一个群，大家一起玩，而且不用见面都知道大家的真实身份，得脉就是一个透明的可信的社交工具，这样的工具在目前也还很火爆。

（4）秘密

秘密是一款基于通信录的匿名熟人社交工具，它也把微信的用户人群切分了，它是一个基于熟人和半熟人之间的戴着面具的交友工具。在秘密这个社交网络中，所有人都可以匿名发布或者评论一个帖子，也就是所有人都可以聊天，交朋友，而这些人都是你的朋友，或者是朋友的朋友。举一个例子，我和你是朋友，我发了一条信息骂了你，然后你收到这条骂你的信息，却不知道是谁在骂你，其中只显示你的朋友骂了你，但是是谁骂的你绝对保密，这就是秘密。由于你的头像被挡住了，别人不知道你是谁，而发的信息就只有你的朋友和朋友的朋友能看到，你可以在里面讲一切真话，如同是一场线上的熟人假面舞会。在匿名状态下，熟人之间少了来自身份、关系、人情等方面的顾忌，往往会产生平时预料不到的内容和情节，这也正是秘密这款APP的吸引力所在。这种匿名的社交形态，带来了爆料、内幕、私密新闻产生的可能，很多原本在现实社交圈里不敢透露的内容，更有可能在这里被透露出来。

可以这么说，所有的社交工具都可以玩电商，陌陌可以玩，秘密可以玩。并且在这里面都能够做广告，搞社群，开展营销。所以在移动互联网时代，对这些工具的应用要深入思考。

电商课堂：微博和微信的差别？

微信能不能带来新客户呢？很难。因为朋友圈中大多都是老客户了，他们大多都是从淘宝上买了你的东西，然后才成了你的粉丝。所以微信是最专业的老客户营销工具。

微信还是一个 CRM 工具，一个社交工具，而且黏性极高，因为它控制了社交的通信，颠覆了电话和手机，成为一个社交工具的王者。

近几年，有人认为，由于微信的崛起，微博上大量的流量被转移到了微信上。但是实际上不完全是这样的，整个社交工具和媒体的变化，在被这些“微”字头的公司调正，在被条块分割化了。

微信是一个熟人的交流工具，它是让熟悉的人形成圈子来交流，所以相对来说微信比较封闭。而微博则是一个开放的工具，你发一条信息，所有人都可以关注你，所有人都可以看到你，你甚至不用同意就可以被关注，所以其默认是群发微博，而不是私信。

但是微信默认的就是私信，默认的是一对一的个人聊天，所以微信和微博并不是谁在搞死谁的问题，它们一个是开放的，一个是封闭的；一个是面向公众的，一个是面向朋友的。所以从严格意义上来讲，微博已经不能称之为一个纯社交的工具了，它应该被称为一个社交媒体，它是一个媒体工具，这就构成了微信和微博的差异。

6.6 柚子美衣用微淘引流

微淘的定位是基于移动端的入口，为消费者提供方便快捷的手机购物服务。微淘的核心是回归以用户为中心的淘宝，而没有小二推荐、流量分配，每一个用户有自己关注的账号，感兴趣的领域，他们通过订阅的方式，获取信息和服务，并且运营者和粉丝之间能够围绕账号产生互动。

微淘是在移动互联网时代，商家面向消费者的移动电商平台。通过微淘，商家可以进行客户关系管理、品牌传递，与客户进行精准互动，实现基于位置的导购及成交等。

微淘是一个新客户引流的核心区域，因为只有在这里才有流量转卖中心。它是全网的流量转卖中心，做电商必须要依赖它。电商里面做得好的，比如柚子美衣、宜佳、御泥坊等，他们原来玩淘宝客玩得很牛，现在他们开始玩微淘，在他们的流量来源里面，微淘几乎占了 50%。

做电商必须要玩微淘，因为从微博、微信中几乎带不来新客户。而微淘才能带来新客户，所以微淘是新客户的主流来源，但是微淘的社交能力特别弱。所以它只是一个新客户的引流和发展中心。

柚子美衣在整个淘宝中排名第二，搜索量在淘宝中排名第一。其原来在 PC 端上做社群，而且做得很好，其实社群根本不是移动端的专利。那么柚子美衣以前在 PC 端用什么做呢？他们用的是淘宝的帮派，现在全面转战微淘。微淘实际上是基于移动端的帮派，在微淘里可以发声音，可以发视频，还可以发文章，类似于微信的公众号。柚子美衣把他的粉丝在微淘里面聚集起来，短短的半年的时间，其移动端的成交量达到 60%，超过了它的 PC 端。

PC 端的流量霸主是淘宝，那么如今移动端的流量霸主是谁呢？移动端电子商务的交易流量霸主仍然是淘宝，不是微信。淘宝是最懂电子商务的，所以在这个过程中，微淘成了好多真正做得好的大电商的流量主入口，所以微淘是至关重要的。为什么要用手机淘宝玩微淘呢？就是因为流量。消费者在移动端，虽然聊天用微信，但是购物还是倾向于使用和淘宝相关的工具来进行，在这个过程中，流量或者是新客户的增加，还是需要关注与淘宝相关的工具。这就是微淘必须要做的原因。

对于微淘，有几点操作细则需要注意。

1. 基于移动端的淘宝 SEO

SEO，就是搜索引擎优化，也就是怎样让消费者更好地找到你。那么手机端的搜索引擎优化，就要灵活地使用与淘宝相关的工具。

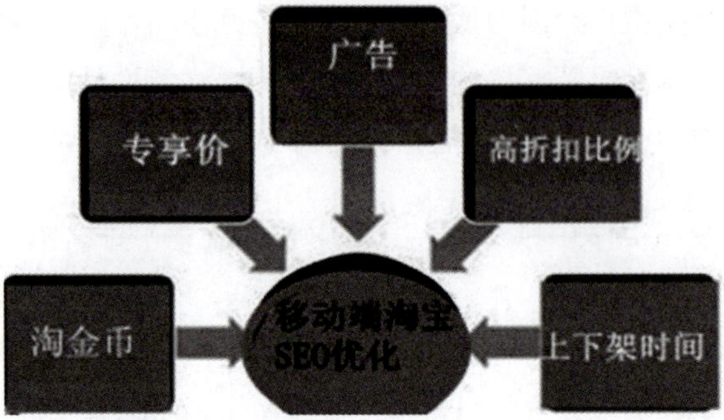

图 6-5

（1）淘金币

淘金币是淘宝中的虚拟积分。在淘宝上购物时，可以用淘金币换东西。淘宝打造淘金币，就是为了将消费者绑定在手机淘宝里面。要灵活地运用淘金币，一方面因为淘金币是你的工具，另一方面，使用淘金币顺应了淘宝的游戏规则，所以淘宝就会给你奖励，帮你优化，帮你提升。

（2）专享价

手机专享价是一款专门针对移动端店铺的促销工具，其可以实现在PC端和移动端设置不同的价格折扣。也就是说在移动端上设置的价格可以和PC端上的价格不一样。如果你这么做了，淘宝就会鼓励你，就会让你的排名靠前。因为淘宝的游戏规则就这么定的。如果你既在PC端上开店，又在移动端开店，如果基于PC端的交易额超过了移动端，则说明你的移动端店铺做得不好，那么淘宝就会给你的店铺降权，让你的整个店铺都没有生意。相反，如果你的移动端店铺的交易额起来了，超过了PC端，淘宝就会给你的店铺升权，让你的PC端和移动端的流量都有提升，交易额都提高。

（3）广告

做电商都要投广告，注意，广告不是投在百度上，而是要投在转化率高的地方。如果要是玩移动端的淘宝、微淘，那么广告当然就要投给淘宝。淘宝本身就是通过卖广告赚钱的，其从全国各地买广告，然后再卖给卖家，它就是一个流量广告转卖中心。淘宝现在卖 PC 端的广告和移动端的广告，那么你应该买哪一种呢？毫无疑问要买移动端的广告。因为淘宝希望卖家把移动端店铺做起来，所以你如果要投钱，就要把大部分钱投入在移动端，淘宝不光要给你补贴，还会额外给你补广告，你等于花了 10 元办了 20 元的事情。

（4）高折扣比例

当店铺打折的时候，要将移动端的折扣设置得低一些，这样平台才开心，你才有流量。

（5）商品的上下架时间

在 PC 端做电商，商品的上下架时间是非常重要的。在移动端，商品的上下架时间直接关系到商品的呈现。因为如果在前 6 个商品呈现中没你的商品，则你的店铺流量就会双倍下降，所以商品的下架时间非常重要。商品要下架时，排名就会排到前面去。所以当你的商品刚上架的时候，肯定排不到第一个，但是当你的商品要下架的时候，就会突然排到前面去，所以一定要优化好商品的上下架时间。

以上是在手机淘宝上需要优化的几大点。按照这几大点来优化店铺，可以让店铺在移动端获得更多的流量。

2. 提高微淘的转化率

在移动端，怎样才能提高手机淘宝或者微淘中的商品的转化率呢？这里有 5 点需要注意。

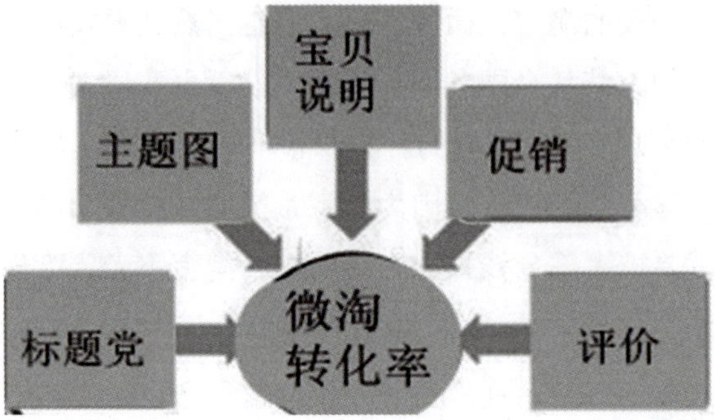

图 6-6

（1）标题党

要提高商品的转化率，一定要靠“标题党”，因为在移动端可以看的东西太少了，只有标题、图片、正文，甚至正文都没人愿意看。因为消费者越来越懒了，一般都是看标题，看图片就决定是否购买。当然图片要好好做，而标题也是至关重要的内容，一定要对标题做深入细致的研究，每一句话，每一个字都不能含糊。可以说，一个标题决定了商品 50% 的转化率和打开率。

（2）主题图

商品和主题图就是一张大图。很多人认为，要多放几张图，这样才能更好地展示商品。其实并非如此，现在在微博和微信上大概都只能发 9 张图，实际上在这 9 张图中，前 6 张图被用户看得最多。在手机端，前 3 张图起至关重要的作用，如果是一个购物型的网站，第一张图最有用，剩下的全没用，这就是差别。所以主题图也成了最重要的内容。手机端有这样一个要求：宁可只用一张图，也不用两张图，一张图能勾起消费者的购物欲望时，就到此为止，不要用两张图。

（3）宝贝说明

切记不要设置复杂的宝贝说明，宝贝说明越简洁越好。如果是写一个商业说明书，尽量让它短一些，一屏能够显示完的宝贝说明是最有意义的。

（4）促销

如果你在手机端不搞促销，则你的店铺基本上没有什么流量，手机端的销售就是靠促销引流，剩下的就是靠粉丝和老客户了。所以促销成了最重要的引流工具，要多策划一些促销活动，多参加一些促销活动。

（5）评价

在 PC 端，有的一个宝贝下面就有好几百条评价，如果顾客愿意，可以一直看。但是在移动端，会有人这样看吗？就算客户想看也没地方看，因为手机的屏幕小。在手机淘宝中只显示一条评价。默认打开宝贝后，还要显示标题、图片、宝贝说明，再显示评价，那手机的屏幕就根本不够用了。所以移动端页面不可能这么设计的。所以只显示一条评价，也就是说，第一条评价是最重要的，但是如果你的第一条评价是别人给的差评，就要赶紧找人给你写一个好评，因为第一条评价至关重要。

所以在提高手机端店铺转化率方面，要注意以上这 5 点。

电商课堂：怎样让移动端的流量增长起来？

在移动端，如何让流量增长起来呢？很简单，在 PC 端用的那些工具在移动端都要用，但是主要的几个工具是下面这几个。

第一个是移动端的手机直通车。这个是必须要用的，可以在这上面烧点钱。

第二个是要参加活动。淘宝在移动端经常会举行各种各样的活动，要尽可能报名参加。

第三个就是手机淘宝客。手机淘宝客有很多，比如返利网、淘 800 等，这些都是淘宝客。

淘宝客就是自己有一个网站，并且有流量，他们在移动端发一个广告，告诉大家点击这里进入淘宝购物，用户点击后，也就进入了一个宝贝页面，然后用户买了宝贝，那么淘宝客就会获得佣金。这就是淘客的玩法。

以上就是移动端几个主要的增长流量的工具，利用这些工具，能够让你大量增加粉丝和客源。

第 7 章

粉丝与微营销

竞选总统如果被戏称为商务活动，其最大的电商数据分析事件要数奥巴马竞选总统的数据分析，通过精准的分析，找准客户各个击破，实现一个平民的总统梦，可见数据的重要性。

——如来

7.1 让粉丝成为铁杆粉丝

粉丝这个词，其实是一个很高雅的词汇。我们都知道，粉丝从《超级女声》出现后就开始就火了，李宇春的粉丝叫“玉米”。其实粉丝早就有了，并不是在互联网产生之后才有的。说得早一点，从很早之前，有了宗教后就出现了粉丝。宗教是最强的粉丝管理体系。一个得道高僧，有很多的信徒，而这些信徒全是他的粉丝。再比如有一位名医，很多病人想方设法去找他看病，那些病人其实也是那位名医的粉丝。粉丝这个词，只不过是今天我们用来形容这类人群的一个很形象的词汇。

那么，什么样的人才能建立自己的粉丝，才能拥有自己的粉丝呢？

第一，你要有一个很好的产品。这个产品可以聚集一批粉丝，但是这些粉丝往往很难有较高的忠诚度，他们只能称之为普通粉丝。

第二，个人或者偶像也可以拥有粉丝。偶像不一定是一个人，也可以是一个宠物。我们都知道，漫画形象阿狸，就是那个可爱的小狐狸，也有很多的粉丝，很多小女孩特别喜欢它。如果将阿狸的卡通形象印到杯子上，就会卖得比普通的杯子好。所以这是粉丝带来的相应效应。

而个人也可以有很多粉丝，我也有很多粉丝。相信大家都知道陈欧，他是卖化妆品的，他也有很多粉丝。

第三，就是媒体。现在很多搞媒体的人也开始搞电商了，那么他们也会拥有粉丝，因为他们拥有内容。假如你是一位内容制造者，就像很多的视频网站，也开始做自己的粉丝体系，那么你的粉丝并不是崇拜你，而是想来学习的，他们也会被称成粉丝，但是这些粉丝往往都是传统的普通粉丝，很难形成所谓的铁杆粉丝。

1. 粉丝的经济效益

粉丝会带来什么经济效益呢？举一个例子，小米的雷军实际上并不是真正靠他的产品征服他的粉丝的，因为只靠产品是产生不了所谓的忠实粉丝的。大家买雷军的产品就是因为它便宜，而这些粉丝都不是忠实的粉丝。因为当华为推出更便宜的手机时，那些喜欢小米手机的人又跑去买华为手机了。但是早期雷军的粉丝是真正的铁杆粉丝。雷军当年是怎么操纵他的铁杆粉丝的呢？当时他拥有大批的“脑残粉”，他的这些“脑残粉”为雷军做了什么呢？答案是他们给雷军带来了巨大的经济效益。

首先，雷军不需要所谓的市场营销部，甚至也不需要公关部。比如雷军写一篇软文，在他的微信、微博上一发，他的那些铁杆粉丝一看，雷军又说话了，于是这些“脑残粉”们就把那篇软文很快地转发出去。他们转发是没有理由的。当网上有人骂雷军的时候，这些“脑残粉”站出来了：谁敢骂？谁骂跟谁死磕！于是雷军连公关部也不需要了。网上有了负面的帖子，就会有“脑残粉”帮着去删帖，以及进行公关服务。

雷军甚至让粉丝帮他研发产品。他有很多粉丝都是程序员，他开放他的开发平台，让他的粉丝帮他免费编程序并放到他的软件里去。不光这样，他的粉丝还免费帮他测试工程机。大家都知道，研发一款手机是需要花很长时间的，而工程机是需要很多人去测试的，而且工程机也要花成本。雷军是这样做的：研发完了这个产品，让他的粉丝去买他的工程机。因为粉丝们都觉得可以买到工程机是值得自豪的一件事情。工程机比正式的手机还贵，粉丝觉得自己可以买到工程机，可以收藏，是很有意义的一件事情。所以他的粉丝花很高的价钱买工程机，帮雷军进行测试，测试完了还要给雷军写测试报告。粉丝写完测试报告交给雷军，如果雷军按照这个报告进行修改，则他的粉丝会欢呼雀跃。所以这些粉丝在不要一分钱的情况下，帮雷军干了那么多事情，这些粉丝是真的粉丝。但是就是这些粉丝，让雷军节省了大量的市场营销开发费用，这就是粉丝的意义。

2. 如何赢得大量粉丝

在移动互联网时代，做微信营销当然离不开粉丝。粉丝意味着力量，哪怕你只是一个“草根”，但是只要你拥有了巨量的粉丝，你也可以拥有强大的影响力。在互联网经济体系下，粉丝的数量不仅意味着影响力，还意味着经济效益。那么，怎么样才能赢得大量的粉丝呢？

其实，粉丝都很单纯，只要你能真心和他们做朋友，好好和他们沟通并交流，不要把他们当成客户来时刻宣传你的产品，就不怕身边没有大量的粉丝。

（1）好好提供服务，不要依靠话题

要想吸引粉丝，依赖话题是永远不可能做到的，话题吸引的永远是看热闹的人，而不是真正的粉丝。只有产品和服务才能吸引真正的粉丝。公众号，包括对外的各种信息，提供的其实就是产品和服务。营销也是一种服务，市场也是一种服务，告知和提供有价值的信息也是一种服务。只有好好提供服务才是最要紧的，而不是想要依靠话题。

有些人觉得，既然是粉丝经济时代，就要靠话题才能吸引住粉丝，所以他们总是想着要制造一些话题。事实上，这些话题全是工具，如果你的话题和你的服务与你的定位无关，那就会成为无效的宣传，所以话题根本不重要。如果你只是依赖于话题，那么传播将不可持续。在互联网世界中消息太多了，话题太多了，想要依赖话题抓住别人的眼球，几乎是不可能的。过度依赖话题，就会忘记营销的本质，尤其是市场。营销的本质是一种服务，一定要提供持续的服务才能做好微信营销。比如 E 店宝在对外销售的时候，就是为客户提供一种服务。我们会告诉大家，怎样诊断你的公司，怎样提供产品，利用什么产品可以解决什么问题。所以，在微信营销中，售前顾问就是最大的销售。

（2）忘记“宣传”，多多沟通

在进行微信营销的时候，一定要忘记“宣传”这个词，因为自说自话的时代已经过去了。微信的本质是沟通的平台，沟通就需要有来往。如果你的微信营销还是停留在宣讲的阶段，那么注定是要失败的。你只有通过与粉丝的沟通才能取得粉丝的信任。

除要在微信公众号后台制作自动答复外，还应该设置专门的岗位用以回答粉丝的问题，与粉丝进行人工互动。因为自动回复就像 QQ 里的自动回复功能一样，会让人生厌，感觉没诚意。企业的微信公众号，要能够做到适时地进行人工互动，如果做不到这一点，则很难做好微信营销。

现在这些在互联网粉丝经济中成功的企业领袖们，比如小米的雷军，皇太吉的赫畅，雕爷牛腩的孟醒，快书包的徐智明……每一个创始人都曾经亲自在一线回复粉丝和粉丝互动，与粉丝们打成一片。皇太吉的赫畅甚至直接公开说：“别扯什么微信营销了，如果老板能坚持和粉丝互动一年，就没有做不好的社交网络。”

（3）开展线下活动，让粉丝们互相增进感情

让粉丝们在线下直接见面，从沟通的效果方面而言，显然是最好的方法。面对面的交流更容易培养忠实的粉丝。这样不仅有利于增进感情，有利于让粉丝之间建立互动，也更能够产生更鲜活、更接地气的内容，这样的微信号也会显得更

真实，更有亲和力。此外，光靠微信自然增长用户会很有限，而且得到的粉丝质量不会很高。线下活动也是增加高质量粉丝的重要手段。因此，做微信营销也应当适当地开展一些线下活动。

归根结底，微信营销的本质其实就是一种服务。现在很少有人还在赤裸裸地出来叫卖产品。如果把微信工具当成一种产品，那么这个产品提供的是一个有效沟通的服务平台。你把营销过程当成一个交朋友的过程，那么就构成了利用微信营销的商业本质。

电商课堂：怎么吸引粉丝？

既然粉丝那么重要，那么应该怎么来吸引粉丝呢？

第一，其实第一批粉丝很简单，每个人都有一定数量的朋友，让他们关注你，他们就是你的粉丝。也可以让身边的人，比如你的徒弟，你的学生，你的亲朋好友，你接触到的所有人都来关注你，这就构成了第一批粉丝。当然他们不一定是“脑残粉”，他们也不一定是铁杆粉丝，你要不断地通过提供服务来传递你的精神，传递你的情感，让他们成为你的铁杆粉丝。

那么如何让更多的人关注你呢？下面就以微信来举例，在微信上，让你的好朋友关注你的最好的方法一定不是直接说大家关注我吧，这样大家是不会关注你的。但是如果你和他聊天，告诉他你是谁，以及你新开了微信公众号，并把名片发给他，他就真的会关注你。所以在微信上快速让别人关注你的方法就是发名片。这是第一点，就是先建立一个基础的粉丝体系。

第二，要想真正管理好粉丝，就要做好粉丝分类。如果粉丝不分类，所有的粉丝都在一起，大家都不交流了。所以要把真正的目标粉丝群体分清楚，分清谁是真正的铁杆粉丝，谁是“脑残粉”，哪些人是忠诚你的，就让他在你的周围，离你最近。然后再把另外一些粉丝再进行分类，把不同的人群，分到不同的管理渠道里面来加强管理。只有这样，粉丝才能活跃，否则，他们没有共同语言，这就是粉丝，不分类就没有价值。

第三，粉丝里面最有价值的人是铁杆粉丝，好好利用他们，让他们在你的粉丝圈子里面具有话语权、引导权，让他们穿针引线。要好好地利用铁杆粉丝，并且大力发展铁杆粉丝，铁杆粉丝越多，你的粉丝群才能越大。如果你的粉丝只是“垃圾粉”，没有价值的粉丝，或者是静默的粉丝很多，那是没有意义的。一个有价值的粉丝顶 100 个没有价值的粉丝。

最后总结一下就是，让喜欢你的人关注你，把关注你的人做好分类，从中挑出来最喜欢你的人，这就是最基本的增加粉丝的方法。

7.2 社群，给粉丝一个家

说到粉丝，就离不开社群。粉丝和社群是不一样的概念。比如我站在广场上给大家演讲，这叫一对多，下面的听众就是粉丝。社群是所有听我演讲的人能够相互建立复杂的社会化关系。因为只有听众之间有关系了，我才能把我推出了新产品的信息告诉其中一个人，让他们互相传播。如果只是我在讲，则是媒体，不是社群。

社群构成了横向连接，粉丝则是纵向连接。所以要让粉丝之间互动起来，形成强关系。而你在这个强关系中，起到纽带的作用，或者是精神寄托的作用，你代表了这一群人，你成了他们的情感依托。

就像很多人都说经营粉丝要怎么样来表达意见一样。事实上，这篇表达意见的文章重点不是说话给谁听，而是要替谁说。你只有代表了一个社会群体，才能形成你的社群，这个社群才能围绕着你进行互动。因为你是他们的意见领袖，所以社群的建立很重要。

1. 社群如何建立

当我们利用社群经济来开展营销的时候，我们应该知道社群应该怎么建立。首先我们要有一个基础的粉丝群体，然后把粉丝做好分类。光分类还没有用，我们要把这些分好类的粉丝聚集在一起。要根据他们的兴趣、爱好和种类进行详细的分类。聚集在一起后他们就会产生话题，进行沟通和交流，这就会构成一个基础的粉丝群体里面的社群。

其实社群并不是凭空产生的，很多社群天然就有。举一个例子，有一位朋友，他在销售一种医疗设备，用来治疗牛皮癣。他想开展商品营销，于是问我如何找到一些老客户，然后给他们建立一些社群。我对他说，社群是天然存在的，其实并不需要你重新开始建立。比如现在很多的牛皮癣患者自发地建立了很多的社区，如微信群、QQ 群，这就是社群。你可以打入他们的社群内部，让你的小喇叭在里面播音，让他们崇拜你，喜欢你的产品，他们就构成了你的粉丝，这个社群也就为你所用了。你何必先聚集粉丝，再搞社群呢？这些社群直接拿过来就可以用。所以可以直接寻找现存的符合你的社群，直接加入进去，在里面扩大影响力。

还有一种方法就是搞一些活动和培训班，比如黑马、中欧等。或者是搞一些小型的聚会沙龙，这些活动也能很容易建立一些社群。有了活动，大家都来了，并且相互建立一个圈子，这就构成了一个更窄的社群圈子。当然社群不是建完就完了，你要知道怎么样活跃它，社群如果不活跃就没有意义了，更谈不上社群经济了。

2. 活跃社群的几点建议

第一，其实真正的社群维系靠的往往是精神领袖、一个产品，或者是其他的某些东西。有一位叫嘉措的活佛，他搞了个微博，其中有三百多万个粉丝，他每天都发一条自己写的心灵鸡汤，大家都喜欢看。而且他的内容也很好，于是他的粉丝就多了。所以最重要的一点，你无论是企业还是个人，抑或是媒体，你必须要有活动和内容。而内容就构成了社群里面最重要的话题，否则大家就没有话题，没有人组织内容，就没有话题点，也就没有人来活跃气氛。

第二，内容种类要有很多。可以发一小些段子，让大家看后哈哈一笑，也可以发图片。现在很多社群、微信群、QQ 群里都会贴一些图片，可以把自己最丑的照片，而不是最漂亮的照片发一下，甚至是把那些打擦边球的图片晒出来，去引发大家议论，这也是内容。

第三，当然还要有活动。举办活动就是为了让社群里面的人相互认识，让大家相互联系起来，例如 A 认识 B，B 认识 C，这只是一条线。如果 A 认识 B，C 也认识 B，D 也认识 B，构成了一个网状结构，那么社群的价值就越来越大了，因为它的信息联播全靠这些连接线。所以在社群里面，要经常开展活动，让社群里面的这些人变成好朋友。他们的关系越好，你利用社群赚钱的机会就越多。

3. 活跃社群的几点注意事项

说到这里，就要说一说让社群活跃起来最关键的 3 个事项。

第一，要坚持，而很多人往往会坚持不下去。我现在做的个人公众号就是一直在坚持。我每天发 60 秒语音给大家听，讲电商的八卦、电商的情报，反正不管大家是否爱听，我都天天发，现在粉丝都还在听。这就是坚持，你只要坚持，粉丝就会持续增长。而且粉丝还保留着，否则，你不坚持了，粉丝就都跑了。

第二，要让粉丝活动起来，要让粉丝参与进来，而且参与到你的内容建设当中去。如果他不参与，始终就是你一个人在讲，粉丝也没有和你在沟通，他们就会慢慢地感觉到，这仅仅是一个媒体，没有存在感。偶像的存在感是什么呢？比如刘德华，他不是一个人唱歌就完了，他要搞粉丝见面会，他要和粉丝拥抱，和粉丝聊天，甚至是资助一些粉丝，搞一些慈善活动，搞一些公益。这些东西才能让他的粉丝产生一些黏性。

第三，在粉丝里面要找出一种人，这种人是你的粉丝里面很关键的一类人，叫“皮条客”。现在“皮条客”是很吃香的，因为这种人不好找，他们不但要脸皮厚，而且能够坚持不懈地搞活动，坚持不懈地让自己天天娱乐粉丝。这些人是社群里面的重点、亮点人物。

4．让粉丝获得更好的体验

没有粉丝一切都是零，而有了粉丝也并不表示就拥有了一切。在微营销中，与其费尽心思地讨好粉丝，还不如回归本源，脚踏实地地提升自身产品的服务品质和粉丝的用户体验。

粉丝体验可以分为两种，一种是功能体验，另一种是情感体验。

功能体验就是要提供良好的资讯服务，塑造你的专家形象，让你的粉丝觉得关注你是非常有价值的。比如你是做服装的，你可以发一些和服装有关的话题或者相关的文章。比如关于服装的最新流行趋势，面料的选择，服装的保养等。这样，你会让你的粉丝渐渐认为这是一个有价值的公众号。

也可以针对人们习以为常的现象和常识提出一个与之相反的观点，然后围绕此观点展开讨论，最后用自己的产品给出一个解决方案和结果。比如你是卖减肥药的，你可以提出运动减肥是否有效的问题，引起大家的兴趣，让大家讨论。在最后，你要给出答案，比如运动减肥容易反弹，配合药物治疗才是减肥最好的方式。这样的处理能够淡化营销的味道，避免引起粉丝的反感。

而情感体验就是你需要经常和你的粉丝们保持联系，经常互动。客户都是比较健忘的，只要你有一段时间不联系他们，则他们很容易就忘记你了。比如你可以在逢年过节的时候给粉丝们发一些温馨的消息，或者通知他们参加一些限时、限量的促销活动或有奖竞猜活动等。经常做一些互动的活动绝对是增进粉丝感情的最快速直接的手段。

电商课堂：如何把企业服务传播出去？

社群建立起来了，接下来企业需要把自己的服务传播出去，最终能够实现效益最大化。传播往往需要分成三步进行。

- 第一步，明确目标受众的喜好

首先，如果你的服务内容和你的目标群体之间没有共振，则你的粉丝数量就会减少，或者说不会增加。如果你能够有效地和他们产生共振，并且找到那些共振的点，不断地传播出去，那么你的粉丝就会不断地增加。这时候数据就很重要，从后台数据可以了解到，发什么类型的文章目标客户喜欢看，用什么样的形式最有效等，从而不断地改进你的服务。

- 第二步，留住你的粉丝，让他们传播

其次是你需要留住你的粉丝们，通过比如转发有礼、赠送礼品的方式是最有效的。为什么呢？因为这可以让那些喜欢你的粉丝们知道，这是他们的一个特权，因为礼物是有限的，他们一旦拿到这个礼物，也就是给了他们特权之后，他就觉得你是自己人。他就向铁杆粉丝更近了一步。你要让一部分粉丝先享受到特权，然后马上建立特权阶级。

- 第三步，开展活动

除送礼外，还要开展活动。这种活动一定要有意义和价值，并且是有参与感的。比如慈善捐款、合起伙来一起策划一个栏目，播一个录音，或者开展线下见面会，请明星一起互动等。简而言之，就是让你的粉丝之间也要建立关系。而这种关系就复杂了，我们要建立一个复杂的关系圈，这就形成了社会化。

7.3 用好内容留住粉丝

当社群活跃起来以后，还需要用内容吸引他们，留住他们。虽然粉丝和文章是分开的，但文章是服务，把服务的亮点爆点找出来，这样的内容才会有价值，才会被粉丝们接受和传播。

1．制作好内容的 7 个要点

第一，文章一定要有社会流通性。文章要有社会流通性，就是要让你的粉丝们都能很轻易地看懂，不要太“高大上”和专业。如果太“高大上”，不但新人们会看不懂，而且也不容易被传播。越专业的内容越不容易被传播，一定要通俗易懂才行。

第二，一定要有干货。假如有 3 篇文章，一篇是告诉你怎样利用微营销来赚钱。一篇是告诉你微营销上有一个后台软件，挺好的，大家都来用一用。另一篇是讲某人出车祸了，由此引申出来微信的作用。这 3 篇文章你要看哪一篇？你肯定是要么选第一篇，要么选最后一篇吧。干货是最有价值的，你在传播干货的时候就是在提供服务了。你提供服务的时候要引出你的产品。这种传播性才能够持续。

产品到了客户那里，客户觉得好，他再用口碑传播时效果才会好。真正有效的工作是你要把产品背后的知识讲出来。而这其中的干货也别太多了，不然粉丝们一下也很难消化。

第四，要有触发性。“大姨妈”这款软件为什么能传播得这么快？那是因为女孩子每个月都要谈论一下这个软件，之后，其他的女孩子很快就下载安装了，这就叫触发性。所以要明白，你的文章发出去之后，文章的读者什么时候会想起来和他周围的朋友说起这篇文章。比如现在新闻上正在炒作一个东西，你针对它写了一篇文章，你的读者就可能会在各种场合提出来。如果你写的文章永远没有触发性，别人永远不会想到你这篇文章，那么你的文章是不会被传播和引爆的，让你的读者再一次提起来的可能性也很小。

第四，文章必须要有情感。没有情感的文章是不会被传播的。大众点评曾经在母亲节前夕要卖一款洗脚盆，他们策划的广告是：“母亲节到了，妈妈也要休息一下了，带妈妈放松一下吧”。你看到这个广告以后，是不是一下就有了要点开看一看的欲望了，这个广告就是具有情感的。在我的公众号里的文章中，一般都是有情感的文章最容易得到评论。我写的那篇被妈妈打屁股的小软文，被转发了好几百次，很多人半夜起来都要转发，他们说看了这篇文章后让人想马上给母亲打电话，想要马上回家孝敬父母。所以，在你的文章中注入情感，才会具有转发性，否则就是无效的文章。

第五，社会可识别性。可识别性是什么意思呢？如果看你的文章的人和你毫无关联，那么你这篇文章就毫无效果。所以文章中要有你的商标，并用你的案例。可识别就是这个东西一看就知道是怎么回事儿，是专家或有价值的人写的。

第六，一定不要发广告，要有实用价值。你发的文章如果是一篇广告，比如，你写你的洗脚盆真的很好，功能非常齐全等，这样的文章是不会有人看的。当读者发现你是在做广告后，会认为自己上当了，马上就不会再关注你了。文章最好一点广告都不要放，并且要让读者读完就会想，是不是得给妈妈买一个洗脚盆呢？

要把读者的需求激发出来，然后在似乎和文章没关系的地方放一个洗脚盆的购买链接，这就足够了。

第七，文章要跌宕起伏。光煽情也没有用，文章必须要有故事和情节，要跌宕起伏，要勾起别人继续读下去的欲望。现在市场上最紧缺的人才不是诗人，而是编剧。所以文章的故事性非常重要，就算你的故事是胡编的，毫无逻辑，也要有故事。而故事是虚构的也可以，反正要耐人寻味，让别人喜欢听就行了。

2. 如何优化文章的标题

有了好的内容，还要有吸引人的标题，这样才能增加阅读量。对整篇文章内容而言，标题就像“脸面”，能否吸引读者的目光就全靠它了。当然，仅仅吸引目光是不够的，文章的标题还应该让读者动心，并让其产生迫不及待想要点开阅读的强烈欲望。

（1）标题最好能够切合当前热点。

标题中可以带有一些比较热门的词汇。热门词汇代表着当前的热点，所谓热点就是指大多数人都感兴趣的内容，这样点击和转发文章的人可能会更多。

（2）文章标题还需要主题鲜明。

你需要保证文章的标题精准地总结了整篇文章的中心内容，让人一目了然。同时标题内容不能过于抽象或者含糊其辞，不然会难以激发人们的兴趣。

（3）你的标题还需要有一定的创意，有独特性。

具有想象力和画面感的标题才对读者有刺激性和吸引力。

3. 内容制作的几个误区

文章虽然能够带来广告效应，带来粉丝，但是，也会带来负面效果，甚至损失很多粉丝。通常我们在制作内容的时候，总是容易犯下面这些错误。

（1）重量不重质

除非你的内容真的非常吸引人，很有用，不然还是尽量把文章写得简短一点比较好。以为文章写得长就是很真诚，或是能展现实力的想法是错误的。由于用户的碎片化时间有限，因此能够让用户在两三分钟内就读完的内容是最合适的。当然，图文要有规律地搭配好，排版要整齐干净，将重点文字加粗或者改变颜色等，增加文章的可读性，可以让读者的注意力更加集中。

（2）广告太多太明显

你的粉丝关注你，是因为你的东西对他们有用，能够吸引他们，而不是为了看一个接着一个的广告。做内容时切忌急功近利，要好好运营和珍惜粉丝，如果你的账号营销味道太浓，那么你的粉丝会感觉不舒服，从而很快就会离你而去。

（3）没有定位，无方向

要给内容定好位，然后一定要完全根据你的定位来选择要群发的用户。比如，你定位你的用户群体是 30 ～ 40 岁的白领，喜欢做饭，热爱生活，喜欢健康的饮食……那么你可以根据这群人的性格，推送他们感兴趣的内容，而不是没有任何的考虑，什么内容都发。

最后总结一下。不论是做什么，都要坚持下去。很多人刚开始很积极，每天都能发一篇文章，但是过了一段时间发现没什么效果，就停止了。其实只要长期坚持下去，就一定会有收获的。

电商课堂：微信文章什么时间推送比较好？

做微信公众号一定要把握好最佳的内容推送时间，不要让推送的内容影响了粉丝们的生活。为此，我们就需要研究一下普通粉丝们的生活状态，这样才能根据他们的活跃时间周期来制定推送策略。

通常，周一到周五，粉丝们会在早上7点起床，并且一直持续到9点。粉丝们开始工作以后，就马上会静下来。所以早晨粉丝起床后是最活跃的时间，此时他们会看手机，看有什么新鲜事，在公交车上也要看，而到了上班时间就停止了。

12:30以后，吃完饭，粉丝们闲来无事，会玩手机，此时粉丝的活跃度也会达到一个峰值。

晚上下班吃完饭后，大概从18:30开始，粉丝们又活跃起来，并且一直持续到22:00。因为这段时间是每天最放松最无聊的时间，也是最容易产生购买欲望的时间。22:00以后尽量就不要推送内容了，因为此时有些人已经睡觉了，你要是对用户的睡眠造成了打扰，他就很可能会取消对你的关注。

7.4 亲近"骨灰粉"，远离"僵尸粉"

微信是社交领域内的霸主，而社交就是熟人之间的交往。既然这样，那么微信所有的研究对象都是以社交为中心的，所以用微信营销，就要做得很巧妙，否则后果就会很惨。

举一个例子，相信大家都知道安利，也都有过被安利的业务员骚扰的经历。比如我曾经认识一个朋友，有一段时间，每天一回家，他就来敲门，说："哥们，我来看看你。"进来后他往沙发上一坐，从包里拿出一个产品，然后就滔滔不绝地讲他的产品有多么好，说他用了这个螺旋藻效果有多么明显，非得让我也试一试。我说："我知道了，你先走吧。"第二天一下班，他又来了，热情地说："哥们，我再给你讲一讲我用这个蛋白质粉的效果吧！"就这样，没几天，他就不再是我的朋友了。所以，如果把微信当成了一个营销工具，那么你就是那个做安利的朋友，下场和他一样，你会把你朋友圈中的朋友全得罪光。

但是，在微信的朋友圈子里，总是有这样一些人存在，他们不停地发产品图片，而且是连续不停地发，其实这样只能招来别人的反感。试想，你的朋友每天一打开朋友圈，看到的全是你的产品，会有什么样的感觉？而作为天天在微信圈发广告的人，你考虑过别人的感受吗？你考虑过别人看你的广告要花费流量吗？最后你的朋友忍无可忍，只好把你列入黑名单。微信本身的特点就决定了利用它很难进行直接的营销，用户都非常反感推送型的营销，强制推送广告的结果就是等着被别人列入黑名单。

但是，也有一部分人领略到了微信的真正用途，利用它的社交属性来做营销。他们不是在微信朋友圈中强制发广告，而是用微信进行老客户的服务关怀。微信本身的定位就是社交通信工具，虽然其用户数量极大，但是你仍然不能违背这款产品的设计理念，用它进行营销活动。所以最适合用微信做的事情还是对老用户的服务关怀。这其实和你的手机短信一样，当你收到垃圾信息的时候，你会有什么感觉？一定是很厌烦。但是如果你在网上买了一件商品，对方给你发短信通知你商品发货了，快递什么时候到你家时，你会反感吗？你甚至还觉得卖家很贴心。同样，微信也是这样的，不要利用微信推送广告，而是要给消费者提供贴身服务。

1. “骨灰粉”和“僵尸粉”

那么微信应该怎么玩呢？当然不能像在线下那样，把线下的商业逻辑完全植入到你的朋友圈里去。在讲如何玩微信之前，先讲一讲粉丝。有人说，要搞微信营销，就要先注册 100 个微信号，每个微信号里加 5000 个好友，然后把商品发到朋友圈，每天发一篇。之后可以看有多少个 PV，多少个 UV，多少转化率，这是零售电商的思维。

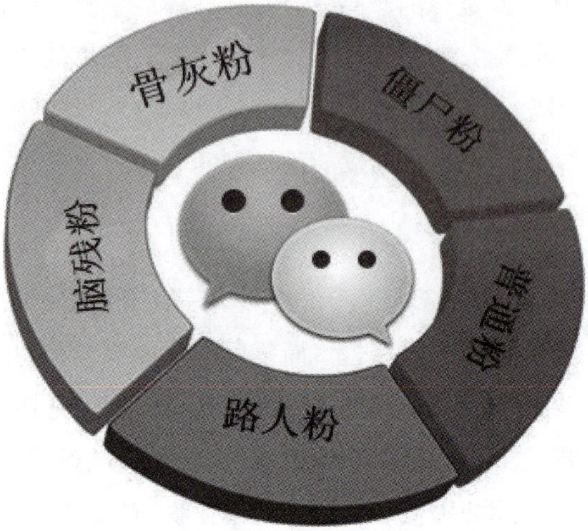

图 7-1

而移动电商则带来了一种新的思维，那就是粉丝。粉丝是你单向的朋友，是那些喜欢你的人。移动互联网的迅速崛起使电子商务从流量经济转向了粉丝经济。与 PC 时代的流量经济不同，移动互联网时代是粉丝经济时代，因此，如何经营粉丝成为摆在电商企业面前的难题。在 PC 时代，电商企业最常用的推广方式是发送短信，尤其在举行大型促销前夕他们更是会频繁发送。但是，在移动互联网时代，如果再用这种方式，只能适得其反，更让顾客增加了负面印象。在 PC 时代缺少与消费者准确及时沟通的工具，但是微信的出现，很方便地实现了企业和消费者之间的沟通，这时，商家发的信息不再被认为是骚扰信息，而是商家及时贴心的服务。PC 端的促销玩的是花样，而移动端的促销讲究的是维护粉丝，即如何跟粉丝互动是关键。

粉丝也分为很多等级，其中有一部分人属于“脑残粉”。“脑残粉”并不是说他“脑残”了，而是他们爱你爱得发疯，疯狂地喜欢你，这就是“脑残粉”，这群粉丝是忠实于你的。比“脑残粉”更高级别的粉丝叫“骨灰粉”。“骨灰粉”除傻傻地喜欢你外，还帮你工作。还有一种是“僵尸粉”，他们是那种只爱你一次，然后就不再爱你了的粉丝。

所以，一定要把你的粉丝分类。可以通过工具来完成，微信里面就有这样的工具。把你的粉丝分好类，然后为不同分类的粉丝提供不同的支持，这样你才能更好地传播。比如你好不容易写了一篇文章，结果发出去没人传播，为什么？因为你把文章发给了“僵尸粉”。你要发给你的“骨灰粉”，他们会马上传播转发的，而“骨灰粉”会带动“脑残粉”，“脑残粉”会带动粉丝，粉丝会带动各种人。因此，你得找准你的粉丝，如果不是你的“脑残粉”或“骨灰粉”，你就不必花太多心思，因为你的精力也是有限的，要把有限的精力奉献给你的“骨灰粉”和“脑残粉”，不要把精力用在“僵尸粉”上，这就是经营粉丝的第一要素——分类。

2. 跨界的社群

粉丝对于电商开展移动端业务如此重要，那么经营好粉丝就成为重中之重。不过要注意，商品不可能有粉丝，必须要有活灵活现的一个人。就像 E 店宝，如果要发展粉丝，E 店宝不可能有粉丝，只有我本人才会有粉丝。我做公众号，让大家关注了我，我才能有粉丝。一家企业、一个品牌、一门课程、一本书或者一件商品，是不会有粉丝的。

那么如何经营粉丝呢？要分类，要把粉丝条块化详细地分类。只有将粉丝分类，才能产生社群。社群是经营粉丝的关键，如果只有粉丝，而粉丝之间没有水平连接，则构不成社群。只有粉丝之间相互认识了，有了互动，才能构成社群。有社群才能产生经济效益。

社群就是类似微信朋友圈的关系。有一个笑话讲的是有些人自从用了手机，就多了好多网友，即使原来不联系的人，也都变成了网友。但是本来的好朋友，也变成了网友。网友就是那种不远不近的人，微信让不认识的人变成了网友，让特别熟的人也变成了网友。最远的距离就是，虽然我们面对面，但我们还用微信在聊天。但是不得不承认，微信确实让多年不联系的老同学也联系在了一起，这就构成了一个庞大的社群组织。

一个粉丝叫粉丝，一堆粉丝叫社群。社群是建立了水平关系的粉丝群，并在水平方向产生了互动，而且通过某种关系互相建立了关联。因为粉丝之间有水平连接了，有文章或者帖子发出来的时候，粉丝之间才能互相传播，如果粉丝相互之间都不认识，就不会互相传播。所以社群一定要加强水平互动，光有公众号没有用，还得建立群。

而光有群还是用处不大，因为群是一种短时间的交流工具，而社区是长时间的交流工具。社区就是把一篇文章或者一个观点发到微社区里，在这里大家可以互动交流。有了社区，又有了群，就构成了社群。

在微信中，如果你有很多的粉丝，他们都很欣赏和喜欢你，并且粉丝们有相互讨论的区域，他们在讨论区域里相互交流，而且建立了相互的信任关系。你发一条信息给其中一个粉丝，他觉得非常有价值，然后把这篇文章传播给其他的人，通过传播，为你带来了PV、转化率和购买。这种玩法就叫社群电商。

这种玩法和PC端的玩法有本质性的区别，这是移动端带来的社群玩法，它和零售电商有着巨大的差异。

电商课堂：PC 端购物和移动端有何不同呢？

有人认为，移动电商就是做一个移动客户端，然后把 PC 端的内容移到移动端。其实，移动电商不是那么简单的。做移动电商，要从移动用户的角度和需求思考问题，并结合移动终端的特性来进行营销活动。移动端和 PC 端有本质的不同，不能把它们混为一谈。

从调查数据得知，虽然目前移动端的日均访客量仍然赶不上 PC 端，但其浏览量已经远超 PC 端，这表明移动端的入口虽然很分散，但是消费者花费的浏览次数和浏览时间更多。此外，在 PC 端，消费者的购物行为目的性更强、更理性，而在移动端消费者更容易造成冲动消费。

之所以会造成冲动消费，与移动端的社交功能和社群概念有关。很多消费者通过移动端搜寻商品是否有折扣，这就为移动端促销提供了更多的机会。另外，消费者使用移动端浏览商品是希望能够对比其他网站的价格，同时也为了获得产品图片，然后和朋友进行讨论。

7.5 众包众筹玩转社群

移动端的营销方法不再是以流量、转化率为中心了，而是变成了以粉丝为中心。基于电子商务的微信，只有 3 种核心玩法：众筹、众包、口碑，这就是社会化电商。在微信上要想做好营销，不要再搞流量，而是要经营粉丝，利用粉丝做好众筹、众包和口碑的传播。

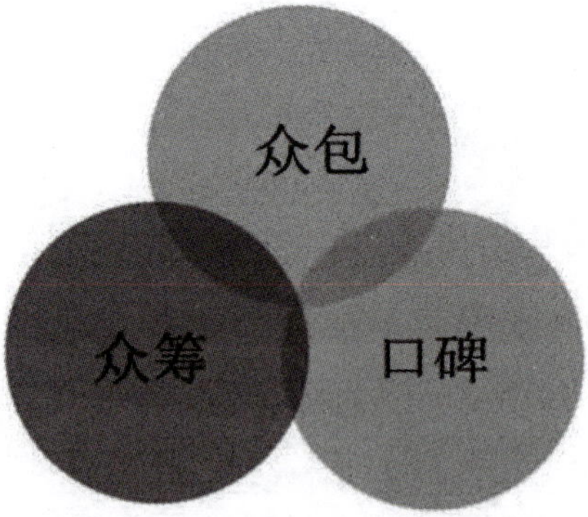

图 7-2

1. 众包

其实，众包的概念很早就有了。那么，到底什么是众包呢？举一个简单的例子，比如我要销售某件商品，在还没有生产之前，我就它外包出去，即我自己不做，而是让我的粉丝们替我做。假如我要销售一种饮料，我的粉丝里有生产塑料瓶的，有生产果汁原料的，有生产瓶盖的，他们会集体帮我生产出商品，这就是众包的概念。

国外有一款热门软件叫 Waze，这款采用众包方式产生的地图应用聚集了在路上的司机的力量，他们贡献了内容，即通过手机标注实时的交通路况，甚至在开启手机中的 GPS 后记录下行车路径，生成实时的交通地图。这款软件通过在路上的上千万名的司机来实现更新路况，纠错地图等功能，具有其他地图无法实现的及时更新路况的功能，这就是众包的力量。

案例：中秋仁孝行动

我出了一本书叫《新活法》，这本书只卖了 2000 套，但是这 2000 套书很快就被卖光了。《新活法》采用的销售模式就是众包。一开始，我觉得这本书肯定很难卖，因为这本书在开篇就讲了一个很凝重的故事：我个人在创业过程中的艰难经历。我曾经两次病危，但是我不但没死，几年后，还恢复了健康。我是怎样活过来的呢？这本书讲的就是这件事情，以及我是如何养生的。但是像这种养生类的书销量都不好，很少有人愿意去买。于是我就想了一个主意，没有采用普通的销售方法，而是用了众包的方式来销售。

首先，我打出了孝道的旗号，这本书讲的是养生，可以把它作为送给父母的中秋节礼物。这本书售价 100 元，但是其本身定价是 50 元，因为它还带了一个礼盒，里面有两双袜子，成本价是 40 元钱，纯棉高弹的，一男一女，送给爸爸和妈妈；一个药包，用于缓解疲劳，价值 20 元；一条毛巾，价值 10 元；一块进口的薰衣草香皂，价值近 80 元；一盒面膜，价值几十元钱；还有上百元的化妆品等物品。

那么礼物是谁出的呢？不是我出的，而是从我的所有粉丝中征集来的，我的粉丝都是做电商的，他们都有商品。我向大家征集礼品，如果谁能够捐赠 2000 份礼物给我，我就把他的礼物放到书里面，然后在书的礼盒上打上他的广告，同时他还可以拿着这个礼盒在广告页面上进行宣传，而且所有参加活动的卖家都相互宣传。很快我就征集了 10 个卖家，他们都无偿捐赠了 2000 份礼物给我。我把这些礼物做成了礼盒，一个礼盒的价格平均为 300 元，我再放一本书。

中秋节期间，好多人都买了带着礼盒的书送给员工。他们就是为了告诉自己的员工，要孝敬父母。因为懂得孝敬父母的员工，才懂得仁义，才会尊重企业，才会在企业里面变得有道德。同时，把这个礼物送给员工的父母，员工的父母会很开心，因为这本书的第一节讲的就是孝道。员工的父母会认为，孩子的老板很有孝心，把孩子放在这个公司里很好。于是，很多人就来订购这本书，我甚至根本不需要宣传。所以这些礼盒就是这样卖出去的。并且很快就卖出去 2000 册了，这就构成了众包这个过程。

2．众筹

众筹，顾名思义，就是大众筹资的意思。众筹利用互联网和 SNS 传播的特性，让小企业或个人向公众展示他们的项目，争取大家的关注和支持，进而获得所需要的资金援助。

众筹怎么玩？举一个例子，如果要销售一批茶具，先拉一些朋友加入一个群，然后在群里告诉大家你打算生产一批茶具，但是没有钱，所以需要朋友们支持一下，众筹一下。每人可以出 50 元，订购一套，假设朋友们一下订购了一万套。这样一来，未来一个月的销售额就够了，然后再开始生产、开发、发货、销售。这就是众筹，众筹往往带有志愿的性质。

案例：《电商内幕》初版的销售

《电商内幕》这本书的第一版在出版之前，我决定用众筹的方式来做销售。我让粉丝们来参与这本书的制作，书的名字《电商内幕》不是我定的，而是由粉丝定的。我在朋友圈利用微信公众号发出一个有奖征集的消息，其中参与的粉丝有几百个，通过这几百个粉丝选出来一些名字，我再一遍遍地筛选，一遍遍地淘汰，一遍遍地投票，我至少让一千个人参与了书名的制定。因此，当书还没出来的时候，大家就在期待。

同时，我还让粉丝们参与封面设计。我的美工定了十个样板，选了十张我的照片，然后交给我的粉丝们，让他们帮我投票，看选择哪一张最好。也许这个封面不是公众认为的最好的，但是粉丝们认为是最好的，那么它就是最好的，因为他们很期待。

目录做好之后，同样是用公众号发布出来，让大家挑毛病，最后定出了目录，大家觉得挺好，这本书前前后后参与的有几千人。

每一次活动都有几百人参与，他们都是企业家们。在参与活动的过程中，他们非常期待参与的过程被传播，被转发，被别人观察的书，到底是一本什么样的书。书一上线，我根本不用宣传，很多人都已经购买了，所以《电商内幕》第一批一万册很快就卖光了。

《电商内幕》这本书，在出版社还没有出版之前，就已经预定了八千多册了，这是一个众筹的案例。

3. 口碑影响

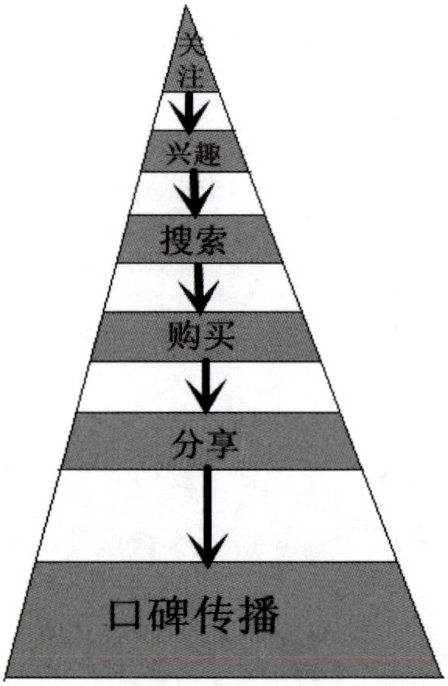

图 7-3

口碑营销是什么？比如我要卖一个东西，不去大量宣传，也不天天发广告，只发一次，发给其中一个人，制造舆论，制造爆点，让这一个人去传播，这就叫口碑营销。要想有好的口碑传播效果，就要把产品描述得具有爆发力才可以。要让大家对这个产品惊呼，在你的社群里面形成爆炸的效果。

什么样的文章或者什么样的产品才能引发爆点呢？第一，这个东西一定代表了你的粉丝群里一部分群体的利益，它一定能够引发你的粉丝内部斗争，或者你的粉丝与外部粉丝之间斗争，这是很重要的。一定要有斗争，没有斗争就没有转发。第二，富有情感。你的这个东西一定要富有情感，如果纯粹地说这个东西好，例如它是从美国原装进口的等，都没有用，把情感和故事融进去，才可能形成爆点。

案例：天天微赚

移动端有一个工具叫作天天微赚，它是基于微信的一个营销工具。在微信里面，可以下载这么一个服务号，然后在朋友圈里分享一些商家的商品，商家愿意因此付给你钱，这个工具就是天天微赚。或者如果你把商家的图片转发到你的朋友圈里，或者是用它带来一些交易额，商家也愿意为此付给你钱。

天天微赚这个工具起到了很好的跨社群传播的作用，因为如果你只是在自己的社群里传播，意义不大，要跨社群，在几个社群里面来形成互动，这样才有价值。所以天天微赚其实就是口碑营销工具。光有口碑，没有利益，就不叫口碑营销，有了利益的口碑才是口碑营销。

图 7-4

关于口碑营销，在未来的社交电商领域是非常重要的，你也可以利用自己的客户进行口碑传播并为之付费。在你的产品研发过程中也可以这样做：你的粉丝替你传播了，你就要为他提供礼品或者付费，这就是口碑传播的利益诱导。

电商课堂：众筹模式有什么特点？

众筹带有预售的性质，它可以挖掘一批潜在客户。这些客户既然下单购买了，就说明他们对这个商品有很大的兴趣，那么邀请他们加入到你的产品生产中，你就会得到很多宝贵的建议。但是，关于众筹，还有几点需要注意。

- 尽量不要去求朋友帮忙。因为你求一次可以，求第二次就不太好了，要尽量让众筹活动在陌生人的圈子里面自传播。

- 要让大家有参与的感觉。对参与众筹的人，要尽量和他们面对面交流，让他们有参与感。

- 众筹的门槛不要太高，要尽量让更多的人参与进来。这样一来，每一个参与了众筹的人，就是你这个项目的义务宣传员，他们和你一样希望看到这个项目成功，所以这个意义要远远超过所募集的资金。

写在后面的话

未来的电商将融合线上与线下，与传统门店无缝结合在一起；手持设备将在电商中大行其道，形成很好的互动和购物体验，线下充当服务环节，线上与无线端充当交易与支付的关键环节。电商将大大改变我们的生活与世界。

反侵权盗版声明

举报电话：（010）88254396；（010）88258888

传　　真：（010）88254397

E-mail：dbqq@phei.com.cn

通信地址：北京市万寿路173信箱　电子工业出版社总编办公室

邮　　编：100036